ARENA BIBLIOTHEK DES WISSENS

LEBENDIGE GESCHICHTE

Für Renate Chotjewitz-Häfner,
unvergessen, unvergesslich

Maria Regina Kaiser, geboren 1952 in Trier, war nach der Promotion in Altertumswissenschaften in Frankfurt am Main zehn Jahre in der Forschung tätig. Seither ist sie freie Schriftstellerin; sie schreibt erfolgreich für Jugendliche und Erwachsene. Weitere Bücher der Autorin zum Thema *Ägypten: Arsinoe – Königin von Ägypten,* Wien/München 1998; *Berenike, Kleopatras Tochter,* Bergisch Gladbach 2004.

Klaus Puth, geboren 1952 in Frankfurt am Main, arbeitete nach seinem Studium an der Hochschule für Gestaltung in Offenbach zunächst in einem Verlag für Grußkarten. Seit 1989 ist er freiberuflich als Illustrator für verschiedene Verlage tätig und hat mehrere Preise erhalten.
www.klausputh.de

Maria Regina Kaiser

Kleopatra und
der Mantel der Macht

Arena

Der Purpurmantel

Plötzlich war ich allein. Alle Arbeiterinnen bis auf mich hatten die Werkstatt verlassen.

Die Stickerei befand sich im obersten Stockwerk des Eckturms vom königlichen Palast in Alexandria. Die großen Fenster waren zum Meer ausgerichtet. Die Brandung rauschte. Ein heftiger Wind zerrte an den Pinien der Uferböschung. Es war ein heißer Sommertag. Der rote Mantel lag ausgebreitet auf einem niedrigen Tisch. Könige und Feldherren hatten ihn getragen. Bleikugeln im Saum hielten die Falten gerade. Perlen schimmerten an den Rändern. Neben der Tür wartete der Hauptmann von Caesars Leibgarde.

„Er kommt gleich", sagte er und zwinkerte mir aufmunternd zu. Ich wurde immer nervöser.

Mit der einen Hand umklammerte ich die Nadel mit dem Purpurfaden, mit der anderen hielt ich das Säckchen mit den Perlen. Was wollte der Imperator von mir, der zwölfjährigen Sklavin? Ich hatte „geschickte Hände". Schon als kleines Mädchen hatte ich Muster aus Goldfäden und Perlen auf Gewänder gestickt.

Meine Gedanken überschlugen sich, während die schweren Tritte von genagelten Soldatenstiefeln näher kamen.

Hatte ich Fehler gemacht? Hatte ich den Mantel ruiniert? Würden sie mich auspeitschen?

1 **Imperator** – *Ehrentitel des römischen Feldherrn, wurde von den Soldaten und dem Senat nach einem Sieg verliehen.*

Das Säckchen fiel zu Boden. Wie Murmeln rollten die Perlen über den Steinboden. Ich warf mich nieder und las sie mit zitternden Händen auf.

„Bist du Syris?"

Ich sah auf. Ein erstaunlich kleiner, magerer Mann mit kahler Stirn, dünnem grauen Haar an den Schläfen und dunklen, fast schwarzen Augen stand vor mir. Seinen Lederpanzer bedeckten silberne Verzierungen. Der Centurio zog im Hinausgehen die Tür zu. Ich war allein mit dem Imperator.

Sanft zog er mich hoch und ging, meine Hand in der seinen, mit mir zum Tisch.

Ich hielt den Atem an, während der Römer mein Werk betrachtete. Ab und zu beugte er sich tiefer. Seine Finger tasteten über den Stoff, die Stickerei und die Perlen.

„Wie alt bist du?"

„Zwölf Jahre."

„Und deine Eltern?"

2 **Centurio** – *Ein Centurio befehligte eine Centurie von 100 Mann Sollstärke.*

„Sie leben nicht mehr. Meine Mutter war Purpurweberin."

„Du bist seit einem Monat hier?"

„So ist es. Ich habe nie etwas gestohlen."

Er schwieg.

„Nur einmal, als ich ganz klein war, habe ich zwei Perlen verschluckt." So, jetzt wusste er alles. Fast alles. Ich dachte an den Trockenfisch, die Eier und die Datteln, die ich aus der Palastküche entwendet hatte. Ob der Imperator davon gehört hatte? Ich gehörte zu den Sklaven des römischen Imperators, die er in den letzten Wochen erworben hatte. Ausgerechnet mir hatte man die schwierige Arbeit an dem alten Purpurmantel der Könige des Ostens anvertraut. Ich durfte in der Werkstatt des ägyptischen Königspalasts arbeiten, zusammen mit den ägyptischen Arbeiterinnen, beaufsichtigt von einem königlichen Eunuchen[*].

„Auch von den Purpurfäden habe ich nie welche zurückbehalten." Ich sah ihn an. „Ich bin keine Diebin."

„Syris, ich bin aus einem ganz anderen Grund gekommen." Der Imperator ließ meine Hand los und nahm auf einem Schemel Platz. Ich hockte mich auf dem Boden vor ihm nieder.

„Du bist die beste Perlenstickerin, hat man mir gesagt", begann Caesar. Plötzlich erschien ein eigenartig knappes Lächeln auf seinem Gesicht. Ein Imperatorlächeln. „Geht es dir hier gut?"

„Ich – ich habe Hunger", stieß ich hervor.

Im hinteren Teil dieses Buches gibt es ein Glossar – dort sind die Erklärungen zu den Begriffen nachzulesen!

Er lächelte. „Ja, ich weiß."

„Wie kannst du das wissen?"

„Deine Essensration ist heruntergesetzt worden, damit deine Finger nicht dick werden, verstehst du?"

Ich sah ihn fassungslos an.

„Du bist in dem Alter, in dem die Mädchen größer und stärker werden. Du aber hast Finger wie niemand sonst. Deshalb musst du auf Essen verzichten."

„Oh nein", sagte ich. „Ich denke den ganzen Tag an Essen, an Brot und Erbsenbrei."

„Das ist falsch. Sieh diesen Mantel an. Die Motten hatten Löcher in ihn gefressen. Jetzt ist er wie neu." Er sprach in freundlichem Ton. Meine Angst löste sich auf. Plötzlich war ich sehr stolz auf mein Werk. Die feinen Stiche waren nicht zu sehen. Die Silberfäden ließen den Stoff metallisch schimmern.

„Der Mantel der Könige", sagte Caesar mit einem längeren Lächeln, das ihn jung machte. „Ich werde ihn der Basilissa zum Geschenk machen. Den Mantel und dich."

Sprachlos sah ich ihn an.

„Du, Syris, wirst in der Nähe des Mantels bleiben. Denn du gehörst zu dem Geschenk dazu."

„Ich?"

„Du wirst ihn der Königin von den Schultern nehmen, ihn aufbewahren und pflegen. Kein Mensch kennt ihn so gut wie du."

Ich versuchte, mich zu freuen, doch es gelang mir nicht. Ich hatte Angst vor der Königin, die ich nicht kannte. Ich war eine

3 Basilissa/Basileus – *griechisch für Königin/König*

Fremde, über deren syrischen Akzent die anderen Sklaven lachten. Ich seufzte auf. Aber was blieb mir schon übrig, als den Befehlen meines Herrn zu gehorchen?

„Ich habe dir etwas mitgebracht."

Er zog eine kleine Rolle an einer Kupferkette aus dem Gürtel des Lederpanzers hervor und wieder lächelte er imperatorhaft kurz.

„Für mich?" Ich legte die Nadel und das Perlensäckchen neben dem Purpurmantel ab.

„Die Urkunde mit deiner Freilassung", sagte er feierlich. „Lies selbst. Du kannst doch lesen?"

Hilflos starrte ich auf den Papyrus*. Lauter lateinische Buchstaben.

„Ich kann nur Griechisch lesen", sagte ich beschämt und rang um Fassung. Hatte er wirklich „Freilassung" gesagt?

Ja, ich hatte richtig gehört.

Caesar senkte die Stimme. Fast flüsternd sprach er auf mich ein. Morgen würde er Ägypten verlassen, um in Syrien Krieg zu führen. Drei Legionen* sollten in Alexandria bleiben. Sie sollten das Leben von Königin Kleopatra und ihrem Kind schützen, das demnächst geboren werden würde.

„Und ich?", fragte ich.

„In 20 Jahren wird die Sklavin Syris freigelassen", stand in lateinischen Lettern auf der Urkunde. „Voraussetzung ist, dass sie die Berichte abgeliefert hat."

„Die Berichte?", stammelte ich.

Der Imperator erklärte mir, was gemeint war. Alles, was ich am

Hof beobachtete, alles, was ich aus dem Mund der Königin hörte, sollte ich niederschreiben, versiegeln und die Rolle bald-
möglichst dem Schlangenmann am königlichen Hafen über-
geben.

„Dem Schlangenmann?"

„Er kümmert sich um die Segel der Ausflugsboote und ist jeden Tag am Landeplatz."

Ich war erleichtert, dass die Aufgabe so einfach war.

„Bist du einverstanden, Syris?", fragte er schließlich.

Ich wollte frei sein. Ich
versprach alles, was
er von mir ver-
langte.

Sklaven im Altertum

Sklaven konnten gekauft und weitergeschenkt werden. Oft waren sie wertvolle Spezialisten, doch ihre Besitzer bestimmten über ihren Aufenthaltsort und ihre Tätigkeit, durften sie bestrafen und schlagen. Vor dem Gesetz galten sie als Unmündige. Auch beim Tod ihres Besitzers blieben sie Sklaven.

Sklaven konnten trotz ihrer Abhängigkeit selbst Sklaven halten und Vermögen erwerben. Manche Besitzer ließen bei ihrem Tod einige ihrer Sklaven im Testament frei.

Römische Herren durften ihre Sklaven foltern und sogar töten. Dass sie geprügelt wurden, war der Normalfall. Bei Hungersnöten verringerte man zuerst das Essen der Unfreien. In Ägypten und Griechenland hatten die Sklaven mehr Rechte – dort galten auch für sie die staatlichen Gesetze und Ehen von Sklaven wurden respektiert.

Überall aber konnten Sklaven sich freikaufen. Sklavenvereine sammelten Kapital, damit Vereinsmitglieder sich Geld für den Freikauf leihen konnten.

Viele Sklaven waren Kriegs- oder Seeräuberbeute. Andere kamen aufgrund von Steuerschulden in die Schuldknechtschaft.

Bei der Freilassung wurde dem Sklaven eine Filzkappe aufgesetzt, die Freiheitsmütze, er bekam einen Stockschlag und die Urkunde mit seinem neuen Namen: den Familiennamen seines Herrn (z. B. Julius, Antonius oder Claudius) kombiniert mit seinem ehemaligen Namen.

Alexandria, die Hauptstadt Ägyptens

332 v. Chr. gründete Alexander der Große die Stadt Alexandria auf einer Landzunge zwischen Mittelmeer und Mariutsee. Ptolemaios I. machte sie zum Regierungssitz, vorher war Memphis die Hauptstadt Ägyptens. In Alexandria wohnten Griechen, Ägypter, Juden und Syrer. Sie entwickelte sich zu einer berühmten Metropole, vergleichbar mit dem heutigen New York oder London. Die reiche Handelsstadt besaß zwei Häfen. Unter den Römern war das prunkvolle Alexandria nach Rom die wichtigste Metropole.

Der 122 Meter hohe Leuchtturm Pharos, das Wahrzeichen Alexandrias, war das siebte der antiken Weltwunder und nach den Pyramiden das zweithöchste Gebäude der damaligen Welt.

Im Museion forschten Wissenschaftler aus aller Welt, unter ihnen Euklid.

Der Leuchtturm, das Museion und die Bibliothek sind heute nicht mehr erhalten. Kleopatras am Meer gelegener Palast versank im Wasser. Mit moderner Technik konnten Archäologen seit 1995 Reste des Leuchtturms, Statuen und Sphingen[*] aus der versunkenen Stadt bergen. Diese Funde sind im Ägyptischen Nationalmuseum von Alexandria zu besichtigen.

Zurzeit (2010) in Planung ist ein Unterwassermuseum im Hafen. In einem Fiberglastunnel sollen bald Besucher durch Kleopatras einstigen Palast wandeln.

Erster Bericht: Die Audienz

In der Nacht nach dem Besuch Caesars in der Werkstatt tat ich kein Auge zu und war am Morgen trotzdem hellwach. Nach dem Bad flocht ich mir die Haare und zog ein neues Gewand an. Ich nahm den mit Goldblech beschlagenen Kasten, in dem der zusammengefaltete Mantel lag. Am Fuß des Turms wartete Caesars Centurio auf mich. Ich kannte ihn inzwischen. Rufio, so hieß er, führte mich durch die wartenden römischen Soldaten hindurch zum Imperator. Caesar trug den Feldherrnpanzer, über der Schulter wehte sein roter Mantel. Zwei Reihen von Liktoren mit Beilbündeln schritten voran. Hinter uns ertönten Trompetenstöße und Trommelwirbel. Caesar ging so schnell, dass ich kaum nachkam. Links und rechts drängten jubelnde Menschen gegen die Absperrungen aus Papyrusrohr. Soldaten vor ihnen achteten darauf, dass niemand sich vorschob.

Unser Ziel war die Audienzhalle im unteren Teil des Palastgebäudes. Langsam bewegte sich unser Zug die Marmortreppen hinauf. Die Würdenträger des Hofes in weißen Gewändern mit ihren Goldketten und goldenem Brustschmuck erwarteten uns am Eingang. Ehrfurchtsvoll verneigten sie sich. Mit einem leichten Nicken beantwortete Caesar ihren Gruß.

Das hohe Gewölbe wurde von grün-goldenen Säulen gestützt. An den Wänden glitzerten Mosaike. Die Fensterbögen waren mit durchscheinenden Alabasterscheiben gefüllt, sodass kein

4 Liktoren – *Die Liktoren trugen den römischen Beamten in der Öffentlichkeit Rutenbündel (fasces) als Amtsabzeichen voran.*

Lüftchen durch die Halle streichen konnte. Trotz der Morgenstunde war es drückend heiß.

Über die geschliffenen Steinplatten schoben wir uns durch die Menge der festlich geschmückten Menschen. In der ersten Reihe der Audienzhalle knieten die obersten Eunuchen, erkennbar an ihren kahl geschorenen bartlosen Köpfen. Drei Stufen führten zu einer Plattform mit zwei goldenen Thronen. Auf dem einen saß die ägyptische Königin im Schmuck der Doppelkrone Ägyptens. Ihr rechter Fuß lag auf dem Nacken einer Leopardin. Eine Löwin ruhte neben ihrem Thronsessel. Auf dem

anderen Thron erkannte ich den Bruder der Königin, der die gleiche rot-weiße Krone trug, einen blassen Jungen mit übergroßen Augen. Ab und zu zuckte einer seiner Füße in den goldenen Sandalen. Man merkte ihm an, er hätte lieber draußen Ball gespielt, als hier zu sitzen. Die Wedelträger fächelten dem königlichen Paar Luft zu.

Die Liktoren traten zur Seite. Caesar neigte leicht den Kopf, dann winkte er mir, ihm zu folgen. Ich stieg die Stufen hoch und kniete unterhalb von ihm mit dem geöffneten Kasten. Einer der Wedelträger nahm ihn mir aus den Händen, trug ihn vor den Thron der Königin und entnahm den Mantel. Caesar hielt jetzt eine Rede.

„Im Namen des Senats* und des römischen Volkes danke ich den Königen von Ägypten für ihre Gastfreundschaft und die Freundschaft zum Senat und dem Volk von Rom." Er sprach Lateinisch. Ein Dolmetscher übersetzte jeden Satz ins Griechische.

„Dieser Mantel hat eine große Vergangenheit. König Mithradates* trug ihn, dann eroberte ihn Pompeius*. Der Senat und das Volk von Rom überreichen ihn heute Kleopatra Philopator Philadelphos." Mit diesen Worten legte er der Königin mit eigener Hand den Mantel um. Sie hatte sich erhoben, trat einen Schritt vor

5 Philopator – *griechisch für vaterliebend/*
Philadelphos – *griechisch für geschwisterliebend*

und stand nun im Schmuck des Purpurmantels neben Caesar. Alle jubelten und klatschten. Caesar lächelte sein knappes Imperatorlächeln, die Königin strahlte. Nur König Ptolemaios sah missmutig aus.

Kleopatra breitete die Arme aus, sodass der Mantel sich hinter ihrem Rücken entfaltete. Das tiefe leuchtende Rot machte sie schön wie eine Göttin. Die Leopardin und die Löwin richteten sich auf und gähnten. Der Imperator schien sich nicht vor ihnen zu fürchten. Ich hoffte, dass sie auch mir nichts tun würden.

„Nea Isis! Nea Isis!", riefen die Höflinge und alle im Saal stimmten ein.

„Ägypten und seine Könige danken dir, Imperator, und dem Senat und dem römischen Volk. Du hast für die Sicherheit unserer Regierung gesorgt. Wir sind Freunde und Bundesgenossen des römischen Volkes von nun an bis in Ewigkeit ..."

Zum ersten Mal hörte ich die klare Stimme Kleopatras mit ihrem melodischen Tonfall. Sie dankte für die Geschenke.

„Komm bald wieder nach Alexandria, Imperator", schloss sie. „Mein Palast ist dein Palast."

Caesar trat einen Schritt auf sie zu. „Und nun ein letztes Geschenk an die Königin Ägyptens persönlich." Er erhob den Arm zum Befehl. Von der Seitentür marschierte der Centurio Rufio an der Spitze der gallischen Leibwächter Caesars ein. Alle hatten sie die Haare strähnig hochgekalkt und trugen weite Hosen. Ihre nackten Oberkörper und Arme waren blau tätowiert – ein furchterregender Anblick.

6 Nea Isis – *„junge Isis"*

„Diese Männer bleiben in Alexandria zum Schutz des Königspaars", verkündete der Imperator.

Ein Raunen ging durch die Halle. Nicht nur der Purpurmantel, auch noch seine eigene Leibgarde! Nie zuvor hatte Rom Ägypten so ehrenvoll beschenkt.

Jetzt erklangen Harfen. Tänzerinnen wirbelten unterhalb des Throns umher. Ein kahlköpfiger Sänger mit wirrem Bart sang ein wehmütiges Lied. Dann ertönten Trompetenstöße. Kleopatra und Ptolemaios erhoben sich. Kleopatras rechte Hand lag auf dem Nacken der Löwin, mit der anderen kraulte sie die Leopardin. Wie gut erzogene Hunde gingen die beiden Tiere neben ihr mit. Die Schar der Eunuchen und Wedelträger geleitete die Könige zum Ausgang. Caesar folgte ihnen mitsamt seinen Liktoren und Leibwächtern. Einen Moment zögerte ich, dann ergriff ich den Kasten und folgte der königlichen Prozession. Ich war ein Teil des Haushalts der Königin geworden, ob es mir gefiel oder nicht.

Ein junger Eunuch tippte mir auf den Arm.

„Ich bin Skellios", stellte er sich vor. „Ich soll dich zur Königin bringen. Du darfst ihr jetzt den Mantel abnehmen."

Rot vor Aufregung folgte ich ihm durch einen langen Säulengang an der zum Meer gelegenen Palastseite. Skellios trug den Kasten für mich. Er ging schnell. Auch er hatte den Kopf glatt rasiert und trug einen Goldohrring im rechten Ohrläppchen.

„Du darfst der Königin nicht ins Gesicht sehen, wenn du ihr den Mantel abnimmst, und nicht mit ihr sprechen", erklärte er, während wir den Gang entlanghasteten. „Und du darfst niemals ihre Haut berühren. Es ist Göttinnenhaut!"

„Was passiert, wenn – wenn es doch passiert?"

„Dann peitschen sie dich aus. Und du wirst sofort entlassen."

In einem mit hellen Farben bemalten Saal hielt das Königspaar plötzlich an. Alle Umstehenden sanken zu Boden. Die Königin breitete die Arme aus. Auch ihr königlicher Bruder stand mit erhobenen Armen erstarrt wie eine Statue. Aus einer Nische erklang Flötenmusik.

„Jetzt", flüsterte Skellios und drückte mich zu Boden.

Kniend, mit gesenktem Blick, rutschte ich an die Königin von Ägypten heran und griff nach dem Mantel. Mit einem leichten Schulterschnicken ließ sie ihn herabgleiten. Andere Sklavinnen nahmen ihr die schweren Armringe ab und den Brustschmuck. Ich faltete den Purpurmantel und legte ihn in den Kasten, den Skellios mir entgegenhielt.

Was wollte der römische Feldherr Caesar in Ägypten?

Nach der Eroberung Galliens fürchtete Julius Caesar eine Anklage durch seine Gegner in Rom – er hatte ohne Senatsgenehmigung Krieg geführt. Im Januar des Jahres 49 v. Chr. überschritt er mit seinen Truppen den Grenzfluss Rubikon zwischen Gallien und Italien – das war für Rom gleichbedeutend mit einer Kriegserklärung. In Rom hatten sowohl Caesar als auch Pompeius, der zweite starke Mann in Rom, Anhänger und Gegner. Der Bürgerkrieg war ein Machtkampf zwischen den beiden. Die Konsuln* und viele Senatoren flüchteten mit Pompeius nach

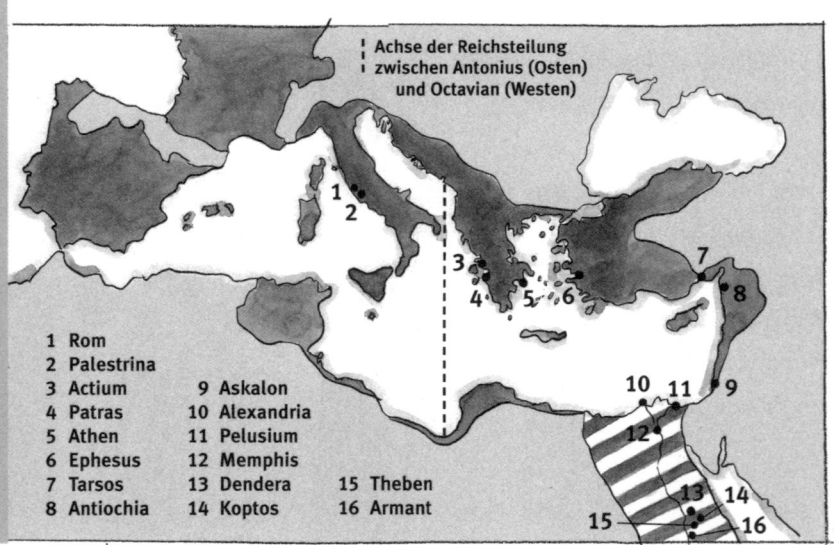

1	Rom		
2	Palestrina		
3	Actium	9	Askalon
4	Patras	10	Alexandria
5	Athen	11	Pelusium
6	Ephesus	12	Memphis
7	Tarsos	13	Dendera
8	Antiochia	14	Koptos

Achse der Reichsteilung zwischen Antonius (Osten) und Octavian (Westen)

15 Theben
16 Armant

Das Römische Reich zur Zeit Kleopatras VII.

18

Griechenland. Caesar und Pompeius ließen ihre Armeen gegeneinander antreten. In vielen Familien stand Bruder gegen Bruder. Der Senat unterstützte Pompeius.

Nach der Schlacht von Pharsalos in Griechenland im Jahr 48 v. Chr. floh der besiegte Pompeius nach Ägypten. Er hoffte auf Unterstützung durch Ptolemaios XIII. Der 13-jährige König und sein Kronrat hielten es jedoch für die beste Lösung, den Besucher umzubringen.

Der Sieger Caesar traf einen Tag später in Alexandria ein und bezog einen Flügel des Palasts. In ganz Ägypten waren die Römer verhasst wegen ihrer Einmischung in die Politik des Königreichs. Caesar hatte aber nur 4.000 Soldaten bei sich und zu wenig Kriegsschiffe.

Er verlangte nun von dem jungen König Ptolemaios XIII. die Rückzahlung der väterlichen Schulden. Das Geld brauchte er, um seine Truppen zu bezahlen. Der Vormund des jungen Königs verwies auf die leeren Schatzkammern und forderte Caesar auf, das Land zu verlassen. Caesar erklärte, als römischer Konsul wolle er die Thronstreitigkeiten zwischen den Kindern des verstorbenen Ptolemaios XII. schlichten. Ptolemaios XIII. und Kleopatra sollten ihre Heere entlassen und sich einigen.

Anders als ihr Bruder schlug Kleopatra einen romfreundlichen Kurs ein, um wieder auf den Thron gesetzt zu werden. Sie verhandelte erst durch Boten mit Caesar, schließlich ließ sie sich zu ihm in den Palast einschleusen. Als ihr Bruder sie aber mit dem Römer flirtend vorfand, rief er das ägyptische Volk zum Aufstand gegen Caesar auf. Ptolemaios XIII. und seine Berater befürchteten, Kleopatra könnte zur Alleinherrscherin ernannt werden. Sie nahmen heimlich Kontakt mit dem ägyptischen General Achillas auf. So begann

Der alexandrinische Krieg

Im Kampf gegen die Römer bewaffneten die Alexandriner sogar ihre Sklaven und vergifteten das Trinkwasser. Eingeschlossen im Palastviertel wartete Caesar auf Verstärkung. Beim Kampf um den Pharos, den gigantischen Leuchtturm, brannten Teile der Bibliothek und des Museion ab. In diesem Kampf musste Caesar im Hafen um sein Leben schwimmen. Unter Pfeilbeschuss rettete er sich auf ein Schiff. Kleopatras jüngere Schwester Arsinoe* floh mit ihrem Erzieher aus dem Palast zum ägyptischen Heer und dessen Feldherrn Achillas. Caesar gab schließlich auch den Bruder Kleopatras frei, der sofort die Kriegsführung gegen ihn übernahm.

Zu Beginn des Jahres 47 v. Chr. kamen Caesars Ersatztruppen aus Syrien und besiegten das ägyptische Heer. Der junge König Ptolemaios XIII. „verschwand" im Kampfgetümmel. Caesar nahm Arsinoe in Haft. Kleopatra musste auf Caesars Befehl ihren nächstjüngeren Bruder, den elfjährigen Ptolemaios XIV., heiraten und mit ihm das Land regieren. Solche Geschwisterehen kamen unter den Ptolemäern häufig vor. Bei Kleopatra waren sie eine Formalität und wurden nicht vollzogen. Drei Legionen blieben unter Leitung von Caesars Vertrautem Rufinus („Rufio") zurück – zum Schutz und zur Kontrolle des Königspaars.

Zweiter Bericht:
Im Palast der Königin

Der König und die Königin waren hinter einer hohen Tür verschwunden. Eine Gruppe von Eunuchen stand im Korridor beieinander. Aus weiter Entfernung hörte ich das Brüllen eines
Löwen. Ich sah mich um. Auch der Imperator war nicht mehr
da. Er war vermutlich schon am Hafen, um das Schiff nach
Syrien zu besteigen.

„Komm mit", sagte ein weiß gekleideter Eunuch zu
mir. Er war groß und fettleibig. Kleine pfiffige
Augen musterten mich eindringlich aus
dem verfetteten Gesicht. Sein Schä-
del war kahl geschoren und einge-
ölt. Im rechten Ohr trug er einen
Goldohrring mit einer Perle.
„Ich bin Mardion", stellte er
sich vor.
„Mein Name ist Syris."
„Ich weiß, du bist das Geschenk des
Imperators."
Erleichterung stieg in mir auf. Wenigstens hatte der Imperator daran gedacht, auch mich zu erwäh-
nen. Ich griff nach der Kupfer-

kette, an der die Metallhülse mit der Rolle hing. Sie war noch an ihrem Platz. Es war ein gutes Gefühl, sie bei mir zu haben.

„Komm mit." Ich folgte ihm. Ein Diener, dem er zugenickt hatte, nahm mir den Kasten ab.

„Unten am Fuß der Treppe ist das Bad für die Bediensteten", erklärte Mardion mit sanfter, geschmeidiger Stimme. „Daneben ist die Palastküche, dahinter der Speisesaal für die Diener. Dort wirst du immer genug zu essen haben."

„Genug zu essen?"

„Nimm dieses Elfenbeinmärkchen." Er überreichte mir ein silbernes Kettchen, an dem eine gelochte Scheibe mit meinem Namen hing.

„Syris drei", las ich. Er spürte mein Erstaunen.

„Es gibt im Königspalast Tausende von Sklaven und Bedienten. Und viele von ihnen haben den gleichen Namen."

Geduldig erklärte er mir, dass König Ptolemaios einen eigenen Palast bewohne mit eigener Dienerschaft, eigenen Schiffen und eigener Leibwache.

Er wies mit der Hand auf einen Mauervorsprung in der klobigen Wand.

„Dort ist deine Kammer."

„Dort?" Bisher hatte ich im Keller in einem Schlafsaal mit den anderen Arbeiterinnen geschlafen.

„Du wohnst direkt vor dem Eingang zu den Gemächern der Königin. Skellios und Philotas haben dort ebenfalls ihre Wohnungen."

„Und du auch?"

„Ich habe hier eine Schlafkammer. Mein eigenes bescheidenes Haus mit hundert Dienern, Pferdestall und Tierpark liegt am Stadtrand."

Ich hatte verstanden. Er war ein bedeutender Mann mit einem eigenen Palast.

Der Platz, auf den Mardion zeigte, war nichts als eine Ausbuchtung mit einem kleinen, offenen Fenster, durch das der Wind strich.

„Du wirst ein Bett erhalten und noch heute wird eine Tür davorgebaut werden. Außerdem erhältst du eine Truhe mit Kleidern für deinen Dienst."

„Danke, Mardion. Aber wo wird der Mantel aufbewahrt?"

Der Eunuch überreichte mir einen silbernen Schlüssel und wies auf eine kleinere Tür in der Wand neben dem Eingang zu den persönlichen Räumen der Königin.

„Dort werden die Prunkgewänder der Königin aufbewahrt. Komm mit mir."

Ich folgte ihm. Ein Diener schritt voran und öffnete die Flügeltür. Zu beiden Seiten des hohen Raums bemerkte ich verschlossene Schränke.

Der Diener klappte eine Schranktür mit dem Bild der Göttin Isis auf und zog ein Gewand hervor, das aus allen nur denkbaren Farben bestand. Hauchdünne Schleier in den Farben des Feuers, der Morgenröte, der Gewitterwolken und der Finsternis gehörten dazu, außerdem ein Umhang aus mehreren Schleiern in Meeres- und Himmelsfarben.

„Dieses Gewand trägt die vaterliebende Herrscherin als Nea Isis", erklärte Mardion. Ich erfuhr, dass ein eigener Diener nur für die Isiskleidung der Königin zuständig war. Zum Gewand gehörten Halsketten, Ohrringe und eine Krone, außerdem Schuhe und ein goldenes Zepter.

„Dort", sagte er schließlich, „steht der Schrank für den Purpurmantel. Nimm den Schlüssel und bewahre ihn gut."

In dem riesigen Schrank aus duftendem Zedernholz gab es zwei Fächer. Auf dem Boden standen zwei Paar zierliche Schuhe aus purpurfarbenem Leder. Nun kam der Mantel dazu. Ich faltete ihn sorgsam und legte ihn hinein. Daneben stellte ich den Kasten. Den Schlüssel für den Schrank hängte ich mir um den Hals.

Als wir zurückkamen, war die Tür vor meiner Wohnung bereits angebracht.

„Du darfst dich bis zum Abendessen etwas ausruhen." Mardion lächelte freundlich. „Wenn du Fragen hast, wende dich an den Eunuchen Skellios. Er wohnt zwei Türen weiter. Und der Nachbar gleich neben dir ist Philotas. Wenn du einmal Kopfschmerzen hast, wird er dir helfen. Er studiert Medizin am Museion."

Der Bewohner, von dem er sprach, steckte bei diesen Worten neugierig den Kopf

hinter seiner Tür hervor. Philotas war nur wenig älter als ich, mit seinen dunklen Locken machte er einen netten Eindruck auf mich. Er hatte ein rundliches Gesicht und blitzende Augen.

Ich öffnete die Tür zu meiner Behausung und stieß einen Freudenschrei aus. Ein rot-weißer Webteppich zierte den Boden. Vor der Wand stand ein Metallbett mit sauberem Laken, einer Kopfstütze und einer leichten Wolldecke. Vor der Fensteröffnung flatterte ein lederner Vorhang. Ein geschwungener Stuhl stand neben dem Bett, in die Wandhöhlung war ein Holzbord zur Aufbewahrung von Sachen eingelassen. Auf einem zierlichen Tisch befanden sich ein Tonkrug mit Wasser und ein Korb mit frischen Feigen, Datteln und Melonenscheiben neben einer weißen Serviette. Jetzt bemerkte ich auch den kleinen Altar in der Wandnische bei der Tür mit Tonfigürchen der Göttin Isis, des Ptah und des Osiris. In der kurzen Zeit, als ich mit Mardion in der königlichen Kleiderkammer gewesen war, hatten fleißige Hände mein Zimmer eingerichtet. Irgendjemand hatte sogar an mein Nähkästchen gedacht – es stand unter dem Stuhl. Ich war froh, mein Handwerkszeug bei mir zu haben, meine Nadeln, Scheren, Zwirnsfäden, die Röllchen mit Seidenfäden in allen Farben und den silbernen Fingerhut, meinen wertvollsten Besitz.

Ich ließ mich auf das Bett fallen und streckte die Beine von mir. Mein Blick fiel auf eine Truhe. Ich klappte den Deckel auf und traute meinen Augen nicht. Ein, zwei, drei Kleider aus feinstem hellem Leinen mit zierlicher Goldborte am Hals! Für mich, die Stickerin Syris! Und da, das winzige Goldkettchen, das war wohl auch für mich. Und ein silberner Ring mit einem roten Glitzerstein. Plötzlich war ich reich. Meine Königin hatte mir so viel geschenkt! Ich steckte den Ring an den Finger. So gut war es mir noch nie gegangen. Gierig verzehrte ich eine Frucht nach der anderen.

Ich fühlte mich wie eine Prinzessin in ihrem Schloss.

Reichtum und Regierung
zur Zeit Kleopatras

Wichtigstes Produkt Ägyptens war seit jeher der Weizen.
Es wurden Hunderte von Brotsorten verzehrt. In der Fa-
yum-Senke und dem Nildelta wuchsen Weizen, Obst, Öl-
pflanzen und Wein. Die Ptolemäerkönige hatten außerdem
die Wüstenränder bewässert. Nach einer ersten Ernte wurde noch einmal „Dreimonatsweizen" ausgesät. Auch an
Fischen herrschte im Land des Nils, der Sümpfe und Oasen
kein Mangel. Sie wurden getrocknet und eingepökelt und
bis nach Kleinasien exportiert. Damit war die Ernährung
der eigenen Bevölkerung so gut wie immer abgesichert.
Weizen war aber auch ein begehrtes Handelsgut.
Mindestens so wichtig war die Produktion von Papyrus.
Die hohen Stauden wuchsen hauptsächlich im Nildelta und
wurden in großen Werkstätten (Manufakturen) zu Papyrusrollen und -blättern verarbeitet. Der gesamte Mittel-
meerraum wurde von Ägypten aus mit diesem „Büroma-
terial" versorgt.
In Alexandria gab es auch Schreiberstuben für die Herstel-
lung von Büchern. Sie waren an die Bibliotheken ange-
schlossen. Die Wissenschaftler erstellten hier korrekte
Textausgaben nach den Originalrollen.
Eine bedeutende Tradition besaß auch die Produktion von
Textilien aller Art.
Das Wadi Natrun in der Wüste hatte reichliche Natron-Vor-
kommen. Die Ägypter nutzten das Natron hauptsächlich

zum Wäschewaschen, es diente aber auch zum Trocknen der Leichen bei der Mumifizierung.

Einige Rohstoffe wie Holz, Kupfer und Silber fehlten und mussten aus anderen Ländern importiert werden. Gold wurde in Oberägypten abgebaut, kam aber auch als Tribut aus dem Lande Kusch und Nubien nach Ägypten. Mit den Neuerwerbungen Zypern und in Kilikien gewann das ägyptische Reich wiederum Rohstoffe – etwa Holz zum Schiffs- und Hausbau.

Der „Nabatäerstreifen", östlich vom Toten Meer gelegen, lieferte den Rohstoff Bitumen. Er war wichtig zum Einbalsamieren der Toten in Ägypten, aber auch um Schiffe wasserdicht zu machen.

Technische Kenntnisse und Wissenschaft waren ebenfalls ein „Exportschlager" des Landes. In den Tempeln ausgebildete ägyptische Ärzte genossen einen hervorragenden Ruf. Wilde Tiere waren für die Amphitheater des ganzen Römischen Reiches unentbehrlich. Zu Kleopatras Zeit gab es noch genügend Löwen, Elefanten, Nashörner, Flusspferde und Krokodile im Lande.

Wie regierte Kleopatra das große Land?

Als Königin Ägyptens war Kleopatra der Pharao und in alle religiösen Zeremonien des Landes einbezogen. Sie setzte ihre Flotte und ihre Streitkräfte nach eigenem Ermessen ein. Urkunden unterschrieb sie mit eigener Hand: „genestho" – so soll es sein!

Kleopatra war wie alle anderen ägyptischen Könige der Bezugspunkt des öffentlichen Lebens: Akten, Urkunden und Inschriften wurden nach ihren Regierungsjahren datiert. Sie prägte auch Münzen in ihrem Namen.

Porträt der Kleopatra VII.

Die ptolemäischen Könige hatten das Steuersystem Ägyptens straff organisiert. Das Land war in Bezirke, Nome, eingeteilt. Die Könige beherrschten nur einen Teil Ägyptens direkt, den Rest verwalteten sie über Tempel, Städte, Privatpersonen und Kleruchen (aktive Soldaten, die von den Königen ein Landgut erhielten). Die oberen Hofämter waren mit Eunuchen besetzt.

Kleopatras Sprachbegabung und ihr Studium verschiedener Sprachen ermöglichten ihr direkte Unterhaltungen mit den Gesandten fremder Völker. Im Gegensatz zu ihren ptolemäischen Vorgängern sprach sie auch Ägyptisch und verstand alle ihre Untertanen. Die offizielle Amtssprache im ganzen Land war Griechisch.

Während ihrer Regierungszeit war die Wirtschaftslage Ägyptens schlecht. Die hohe Steuerlast führte zur Landflucht. Arme Bauern flohen vor den Steuereintreibern mit ihren Familien in die Wüste oder in die Sümpfe. Hungersnöte und Seuchen wüteten im Land. In den Jahren 43 und 42 v. Chr. blieben die Nilüberschwemmungen aus. Es müssen zwei Hungerjahre gewesen sein. Von 46 bis 44 v. Chr. waren Kleopatra und ihr Bruder nicht im Lande, sondern bei Caesar in Rom – für die Menschen in Ägypten eine schwere Zeit ohne königlichen Ansprechpartner.

Der bedeutendste Verwaltungsposten in Ägypten war der des Dioiketes. Er war eine Art Finanzminister mit dem Amtssitz Alexandria. Die Abteilungsleiter, die Hypodioiketen, saßen in den Bezirken (Nomen). Sie alle hatten Buchhalter-Assistenten, die Eklogistes. Sie kontrollierten die Konten und Statistiken im ganzen Land.

Dritter Bericht: Die Königin

Der dicke Junge, mein Nachbar Philotas, war genauso hungrig wie ich. Sein Dienst als Gehilfe der königlichen Ärzte war mit viel Lauferei verbunden.

„Komm, Syris", sagte er an einem der ersten Tage nach Caesars Abreise, „ich muss im Kräutergarten Thymian pflücken. Aber vorher gehen wir schnell in der Küche vorbei."

„Na, Mäntelchen", riefen die Küchendiener bei meinem Anblick. „Schon wieder hungrig?"

„Ich kontrolliere die Soßen im Auftrag von Olympos!", rief Philotas. „Ich muss von jedem Topf zwei Löffel probieren!"

Ich habe nie herausbekommen, ob er diesen Auftrag wirklich hatte. Olympos, der Leibarzt der Königin, kam manchmal sogar selbst in die Küche und kontrollierte die Zutaten für das Essen und die Sauberkeit der Töpfe.

Mit offenem Mund sah ich mich in der raucherfüllten Gewölbehalle um. Über einen endlos langen Tisch beugten sich halb nackte Diener mit kahl rasierten Köpfen. Ohne aufzuschauen, hackten sie Gemüse klein, andere kneteten Teig in großen Wannen. Weiter hinten brutzelten mehrere Schweine an Spießen über offenem Feuer. Bediente rührten Soße in metallenen Töpfen, als hinge ihr Leben vom Gelingen der Gerichte ab.

„Da staunst du, Mäntelchen", sagte Philotas und reichte mir einen Entenschenkel. „Willst du etwas Geißfußblatt* dazu?"

„Iii, nein", wehrte ich ab. „Schmeckt grauenhaft."

„Soll aber sehr gesund sein. Die Römer haben es eingeführt."
Philotas nahm sich aus einer Schüssel ein paar der gefiederten
Blätter. „Caesar liebt Salat aus Geißfußblatt."

„Aber wer – wer isst all die Schweine?", stieß ich zwischen zwei
Bissen hervor. Philotas winkte einen Küchenjungen herbei.

„Erklär ihr, wie das mit den Schweinen am Spieß ist."

„Sie sind für die Königin und ihren Gemahl Ptolemaios."

„Aber sie können unmöglich mehrere Wildschweine an einem
Tag –"

Der Küchenjunge lachte. „Niemand kann vorhersagen, wann
die Könige Lust auf Essen bekommen. Deshalb muss immer eine
Mahlzeit für sie fertig zubereitet sein. Denn natürlich essen sie
nichts Aufgewärmtes."

Ich verstand. „Und das, was übrig bleibt, ist für uns!"
„Genau so ist es." Philotas strahlte mich an.

Der Auftrag Caesars gefiel mir jeden Tag besser.
Ich war ein Teil des Mantels der Königin geworden. Kleopatra trug ihn bei allen festlichen Anlässen. Ich legte ihn ihr um, bevor sie durch das Portal des Palasts zu der wartenden Menge schritt. Nur ein paar Schritte hinter ihr wartete ich mit dem Kasten in den Händen. Ich hörte jede ihrer Reden. Die Sätze perlten durch die Luft wie Musik. Ihre Stimme war klar und melodiös.
„Ich bin Kleopatra, eure Königin. Nicht die siebte Kleopatra, wie einige mich nennen. Sondern auch die erste und alle anderen Kleopatras. Die Königin Ägyptens ist so wie der König Ptolemaios unwandelbar, immer gleich. Kleopatra war schon immer eure Königin und sie wird es immer sein."

Ja, sie sprach es aus: Die Könige Ägyptens herrschten seit Ewigkeit und würden herrschen bis zum Ende aller Zeiten.
Jeden Morgen vor der Audienz in der großen Halle musste ich ihr den Mantel anlegen und hinter ihr am Boden kauern.
Die Königin thronte in ihrem goldenen Sessel, neben ihr saß mit den Füßen baumelnd und papyruslutschend ihr königlicher Bruder. Hinter uns fächerten die Wedelträger dem königlichen Paar Luft zu. Die gallischen Leibwächter standen mit nackten Oberkörpern und tätowierten Armen an ihre Schilde

gelehnt vor der Wand. Auf den Schilden war der Name KLEO-
PATRA geschrieben, so als gälte ihr Schutz nur der Königin.

Die erste Delegation näherte sich kriechend dem Stufenpodest
und warf sich auf der untersten Stufe nieder.

„Die Parther* entbieten den ägyptischen Gottkönigen Grüße
und Glückwünsche ihres Königs", rief der oberste Wedelträger
auf Griechisch aus.

Kniend verlas einer der Parther eine Botschaft. Als er verstummt
war, übersetzte ein Palastdiener seine Worte ins Griechische.

Einen Moment herrschte völlige Stille. Dann plötzlich breitete
Kleopatra die Arme aus, der Purpurmantel entfaltete sich. In
einer fremden Sprache, fließend, ohne zu stocken, sprach sie
huldvoll mit den Gesandten. Offensichtlich war auch eine Frage

darunter. Denn der Wortführer der Delegation antwortete ihr auf Parthisch. Kleopatra lachte und sprach weiter. Es hörte sich an, als scherzte sie mit dem Fremden.

Nach dem kurzen Wortwechsel, von dem ich kein Wort verstanden hatte, krochen die Gesandten zur Seite und verschwanden durch eine Seitentür.

Wie bunte Schildkröten näherte sich die nächste Gesandtschaft in kauernder Haltung. Die Ankömmlinge schlugen vor dem Königspaar die Köpfe mehrfach auf den Boden nieder.

Es waren Nabatäer, Boten des Königs Malik*, die der Königin geschliffene Türkise aus ihren Wüstengebieten überreichten und, wie ich der griechischen Übersetzung ihrer Ansprache entnahm, 20 Kamele.

Nun erlebte ich, wie die Königin in nabatäischer Sprache auf sie einsprach. Diesmal scherzte sie nicht. Offenbar handelte es sich um strenge Ermahnungen.

Der älteste der Gesandten stolperte und streckte Hilfe suchend die Hand nach der Königin aus. Sofort sprang einer der Gallier mit gezogenem Schwert auf ihn los.

Die Königin hob, als wolle sie sich entschuldigen, die Hand und rief ihrem Leibwächter Worte in einer weiteren fremden Sprache zu. Er verbeugte sich tief und ging zu seinen Kumpanen zurück.

Jetzt sprach sie wieder kehliges Nabatäisch mit dem Alten, der erschrocken vor ihr kniete, und lachte girrend auf. Die Gesandten krochen davon. Schon näherte sich eine neue Delegation durch den Mittelgang zur Huldigung, diesmal dunkelhäutige Menschen. Sie trugen Giraffenfelle und Ketten aus Löwenzähnen und brachten Geschenke mit, die ich nie zuvor gesehen hatte: An goldenen Kordeln hielten sie lebende Wildtiere aus dem Inneren Afrikas, Gewürze und goldene Gefäße.

„Die Troglodyten!", verkündete der Wedelträger.

Ich kam aus dem Staunen nicht heraus.

Bald kannte ich alle Korridore im Königspalast. Eines Tages nahm mich Skellios in den Park mit. Dort fütterten wir die Zebras und streichelten die zahmen Antilopen. Am besten gefiel mir die Elefantenherde.

Wir gingen weiter bis zum entferntesten Teil der Anlage. Hier wuchs sogar etwas Unkraut auf den Kieswegen, weil nur selten Besucher kamen. Plötzlich standen wir vor einem kleinen Platz. Von Lorbeersträuchern verdeckt standen Statuen im Schatten der Zedern.

Neugierig trat ich näher. Eine Gruppe von Kindern war es, aus Stein geschlagen, und an den Seiten von Moos bewachsen.

„Heiliger Hund", fluchte Skellios, „warum hat man die nicht weggeräumt?" Er hielt meinen Arm fest. „Sieh gar nicht hin!"

„Aber!", rief ich ärgerlich. „Wer ist das?" Statuen waren ja schließlich keine Steine, sondern Menschen oder Götter. Man musste sie pflegen und manchmal Opfer vor ihnen bringen. Nie und nimmer würde jemand wie ich es je im Leben zu einer Statue bringen.

„Man hat vergessen, die Figuren zu entfernen. Schlamperei. Wenn jemand hierher kommt, sieht er sie ja!" Ich verstand nur, dass Skellios beunruhigt war.

„Wen denn? Wen sieht man, wenn man hierher kommt?" Ich trat näher heran und las die Inschriften unter den Statuen.

„Theoi adelphoi"[7] war an der Seite des Steinsockels zu lesen. Ich ging um ihn herum: Ein älteres Mädchen mit großen Augen. BERENIKE las ich. Ich ging weiter und betrachtete fasziniert ein jüngeres Mädchen namens KLEOPATRA, zwei Knaben namens PTOLEMAIOS und ein kleines am Daumen lutschendes Mädchen mit der Inschrift ARSINOE.

7 Theoi adelphoi – *griechisch „Geschwistergötter"*

„Schnell fort", Skellios zerrte an meinem Arm. „Und keine Fragen. Ich muss sofort Bescheid geben, dass die Statuen der Aufrührer entfernt werden."

„Aufrührer? Diese Kinder sollen Aufrührer sein?"

Endlich teilte mir Skellios mit, dass es sich bei diesen Kunstwerken um die Kinder des Königs Ptolemaios XII. handelte: um seine älteste Tochter Berenike, die ihn gemeinsam mit ihrer Mutter, seiner ersten Frau, aus Alexandria vertrieben hatte. Arsinoe war die jüngere Schwester Kleopatras, die gegen Caesar gekämpft hatte und zur Königin ausgerufen worden war.

„Ein Kind?", vergewisserte ich mich.

„Ihr Erzieher hat die Regierungsgeschäfte geführt." Mit einem verängstigten Blick überzeugte sich Skellios davon, dass wir weit und breit allein waren. „Nie mehr ein Wort davon."

„Arsinoe hat einen Aufstand gegen Kleopatra gewagt. Und dabei ist sie jünger als ihre Schwester. Sie steht noch unter der Aufsicht ihres Erziehers. Er, Ganymedes, hat sie zur Königin ausgerufen. Arsinoe hat dem Volk von Ägypten versprochen, es von den Römern zu befreien. Welch ein Unverstand! Das Heer Ägyptens musste wochenlang gegen Caesar und Kleopatra kämpfen. Sie waren im Palastviertel eingeschlossen", fügte er kaum hörbar hinzu.

„Welch ein Frevel!", rief ich. „Gegen die rechtmäßige Königin Ägyptens."

„Sprich die Namen Arsinoe und Berenike am besten niemals aus!", warnte Skellios. „Sie bringen dir nur Unglück."

Ganz plötzlich legte Skellios die Hand auf meinen Arm.

„Syris, du darfst nicht mehr zum Anlegeplatz der königlichen Boote gehen", sagte er streng.

Ich schwieg schuldbewusst.

„Was machst du dort? Ich muss es wissen."

„Ich bin gerne bei den Booten", murmelte ich.

„Du triffst dich mit Demon. Ich habe dich beobachtet."

Ich wusste sofort, dass er den Schlangenmann meinte. Und ich wusste auch, dass ich etwas Verbotenes getan hatte.

„Du hast ihm Sachen über die Königin erzählt", sagte er leise.

„Das würde ich nie tun", rief ich.

„Die Königin hat viele Feinde. Sieh dich vor.“

Meine Hände zitterten, er sah es genau.

„Hast du es – weitererzählt?“, fragte ich.

„Hätte ich das getan, wärst du nicht mehr hier.“

Zu gerne hätte ich ihm alles erklärt und ihn um Rat gefragt. Doch er war ein Diener der Königin. Er hatte mich gewarnt. Ich musste vorsichtiger sein. Ich beschloss, nur noch im Dunkeln zu Demon zu gehen.

Ich wollte meiner Königin nicht schaden. Aber ich musste alles tun, um eines Tages frei zu sein. Frei sein war mehr, als von der Königin beschenkt zu werden. Scheu blickte ich zu Skellios hin. Er sah zu Boden. Ob er auch über die Freiheit nachdachte?

Ich holte den Kasten mit dem Mantel. Wenig später hatte ich ihn der Königin umgelegt. Sie trug heute ein Perlendiadem im geflochtenen Haar, goldene Sandalen und ein fast durchsichtiges Kleid. Ein großartiger Anblick waren auch die Ohrringe mit den herabhängenden schimmernden Perlen, ein Geschenk von Caesar, das er ihr aus Syrien geschickt hatte. Die Eunuchen Mardion und Ammonios schritten voran. Nubische Schirmhalter und Wedelträger schützten Kleopatra auf dem kurzen Weg vor der Sonne und wedelten ihr Luft zu. Skellios hielt einen Behälter mit Schriftrollen und ich den vergoldeten Kasten.

Die Herkunft Kleopatras

Kleopatra VII. wurde im Jahr 70/69 v. Chr. geboren, als Tochter von Ptolemaios XII. Auletes, dem „Flötenspieler", und einer Nebenfrau. Ihre ältere Schwester Berenike stammte aus der ersten Ehe des Vaters mit seiner Schwestergemahlin Kleopatra Tryphaina. Berenike und ihre Mutter hatten den König im Jahr 58 v. Chr. aus Alexandria vertrieben und selbst den Thron bestiegen. Mit ihm verjagten sie wohl auch die restliche Familie, Nebenfrau(en) und Halbgeschwister. Kleopatra, ihre jüngeren Geschwister, der Vater und sein Hofstaat flüchteten nach Athen und Griechenland, von da im Jahr 57 v. Chr. nach Rom, wo sie von Pompeius aufgenommen wurden; schließlich nach Ephesus in Kleinasien. 55 v. Chr. regierte Ptolemaios XII. wieder in Alexandria und ließ die aufständische Tochter Berenike hinrichten.

Berenike war das einzige legitime Kind des Ptolemaios XII. Die vier jüngeren – Kleopatra, Arsinoe und zwei Söhne namens Ptolemaios – hatten andere Mütter. Da Kleopatra als erste Königin der Ptolemäer fließend Ägyptisch sprach, war ihre Mutter wohl Ägypterin.

Bildniskopf des Ptolemaios XII. Auletes

Ptolemaios XII. Auletes war ein besorgter Vater. Er verehrte den Gott Dionysos, der außer für Weingenuss für Theater, Gesang und Flötenspiel stand. Bei Wettbewerben trat der König selbst mit der Flöte auf. Die vielen Sprachen, die Kleopatra als Königin beherrschte, lernte sie vermutlich schon in ihrer Kindheit. Wie ihre Geschwister erhielt sie eine sorgfältige Ausbildung. Um die Nachfolge seiner Kinder zu sichern, hinterlegte Ptolemaios XII. eine Kopie seines Testaments in Rom. Darin bestimmte er, dass sich die jeweils ältesten seiner Kinder miteinander vermählen und über Ägypten herrschen sollten. Als er im Jahr 51 v. Chr. starb, musste Kleopatra zuerst ihren jüngeren Bruder Ptolemaios XIII. heiraten, später, als dieser verstorben oder untergetaucht war, den jüngsten, Ptolemaios XIV.

Beide Brüder und die kleine Schwester waren Marionetten ihrer Erzieher. Jedes Kind hatte einen eigenen Beraterstab. Diese Leute spannen erfolgreich Intrigen gegen Kleopatra. So verlor sie ihren Thron im Jahr 49 v. Chr. durch ihren Brudergemahl und musste nach Syrien fliehen. 48 v. Chr. wurde dann auch noch das Kind Arsinoe IV. zur Königin ausgerufen.

Die Dynastie der Ptolemäer

Kleopatra stammte aus dem Königsgeschlecht der Ptolemäer. Ptolemaios I., der erste Ptolemäerkönig, war ihr Urahne. Er wurde 367/366 v. Chr. geboren und war ein Offizier und Freund Alexanders des Großen. Nach dessen

Tod bemächtigte er sich der Leiche Alexanders und brachte sie nach Ägypten. In einem Sarg aus Kristall bestattete er sie in einer Gruft in Alexandria, in der fortan auch die Könige der Ptolemäerdynastie beerdigt wurden. 305 v. Chr. nahm der vormalige Offizier Ptolemaios den Königstitel an. Er starb im Jahr 283/288 v. Chr. als 84-Jähriger. Von nun an herrschten bis zum Jahr 30 v. Chr. seine Nachkommen auf dem Thron Ägyptens.

Sein Sohn Ptolemaios II. Philadelphos (283–246 v. Chr.) schuf ein strenges Steuersystem und übernahm den altägyptischen Herrscherkult. Mit seiner Schwester Arsinoe II. ging er eine Geschwisterehe ein. In den etwa acht Jahren ihrer Mitregierung prägte Arsinoe die Geschicke Ägyptens. Sie durchreiste das Land und kümmerte sich um alles. Der Pharos, das Museion und die Bibliothek wurden erbaut, griechische Aussiedler im Fayum angesiedelt. Nach ihrem Tod wurde sie in der griechischen Welt als „bruderliebende" Göttin verehrt. Ptolemaios X. Alexander verfügte testamentarisch, nach seinem Tod solle Ägypten an die Römer fallen. Damit war Rom berechtigt, in Ägypten politisch mitzubestimmen.

Vier Königinnen trugen den Namen Arsinoe, sieben hießen Kleopatra, einige Berenike, während die Könige sich fast alle Pto-

Kaisarion, der letzte Pharao aus dem Geschlecht der Ptolemäer

lemaios nannten. Die Frauen aus der Ptolemäerdynastie waren stark und machtbewusst. Kleopatra Thea (ca. 165–121 v. Chr.) wurde nach Syrien ins Seleukidenreich* verheiratet und bestimmte dort vier Jahre lang die Politik – die Frau mit den charmanten Löckchen vergiftete ihren Sohn und ermordete einen ihrer königlichen Ehemänner. Mit den Geschichten aus dieser Ahnengalerie wuchs die kleine Kleopatra auf – und ganz bestimmt war Arsinoe II. ihr großes Vorbild.

| Münzenbildnis der Kleopatra Thea

Vierter Bericht: Ein neuer Pharao

Drei Monate waren seit der Abreise Caesars vergangen. Drei Monate lebte ich schon im Königspalast.

Der Tag, auf den ganz Ägypten sich so lange gefreut hatte, war gekommen. Von den Tempeln wehten Wimpel und Fahnen. In allen Vierteln Alexandrias wurde getrommelt und geflötet. Feierlich gekleidet mit Blumenkränzen im Haar, Palmzweige in den Händen, warteten die Sklaven und Hofeunuchen im Hof vor dem Geburtshaus. Es war ein aus Stein erbauter Tempel, in dem die Götter Ägyptens Kleopatra halfen, ihr Kind zur Welt zu bringen. Die Gallier, angeführt von Rufio, umringten die Säulen neben dem Portal in wachsamer Bereitschaft.

Seit Sonnenaufgang harrten wir schon hier auf die Verkündigung des Oberpriesters. Zwischendurch waren Wasser und Brot verteilt worden.

Ab und zu klatschten die Sänger und Musikanten in die Hände und sangen eine weitere Strophe ihres Begrüßungsliedes: „Komm, oh Pharao, bring Segen über das Land!"

Endlich war es so weit – Trompetenstöße erschollen. Der oberste Priester des Ptah trat vor und hob das Neugeborene hoch.

Nun sahen wir ihn alle, den Sohn Caesars und Kleopatras, den künftigen Herrscher über Ost und West: Ptolemaios Caesar. Eben geboren, mit vom Schreien rotem Kopf. Ein Säugling, den

die Götter persönlich auf die Welt gebracht hatten.

Es wurde ganz still im Tempelhof. Dann begannen die Musiker wieder zu spielen. Der Sänger stimmte sein Lied an und die Menschen tanzten und klatschten. Freudentriller wurden ausgestoßen.

„Kaisaríon", sagte ich zu Philotas.

„Ja, Kaisaríon", wiederholte er.

„Ist er schon ein Gott?", fragte ich.

„Noch nicht", beruhigte mich Philotas.

„Er wird den Osten und den Westen beherrschen", schrie Mardion außer sich vor Freude. „Er wird zwei Throne haben, einen in Rom und einen in Alexandria!"

Rufio warf seinen Helm zu Boden und stieß ihn mit dem Fuß in eine Ecke. Er packte Mardions Hände und tanzte mit ihm. Die Gallier stießen dumpfe Begeisterungsschreie aus und klopften auf ihre langen Schilde. Dann stellte ich fest, dass der Schlangenmann auch unter uns war. Sonst war ich ihm immer nur unten am Hafenplatz begegnet, wenn ich die Rollen bei ihm abgab. Auf seiner Stirn war die blaue Tätowierung deutlich zu sehen: eine um einen Stab gewundene Schlange. Wir sahen uns an. Er war groß und muskulös, sein Oberkörper war nackt. Er trug einen festlichen

8 Kaisaríon – *„kleiner Caesar", „Caesarlein", Spitzname oder Kurzform*

weißen ägyptischen Schurz und doch wusste ich genau, dass er ein Römer war.

Demon hob die Hand, als wollte er mich grüßen.

Auch ich erhob die meine.

„Woher kennst du den da?", wollte Philotas wissen.

„Ich weiß nur, dass er Demon heißt."

„Ein komischer Kerl. Steht immer am Hafen und wartet auf irgendetwas. Ich traue ihm nicht."

Doch plötzlich stand der Schlangenmann neben mir. Philotas hatte sich zum Glück entfernt und war mit einem der Ärzte ins Gespräch vertieft.

„Syris drei", sagte Demon mit tiefer, kehliger Stimme. „Du lieferst nicht genug."

„Aber was soll ich denn noch – schreiben?"

„Mehr über die Pläne der Königin. Was sie mit ihren Eunuchen bespricht. Verstanden?"

„Aber ich bin nicht dabei, wenn –"

„Dann mach eben, dass du es hörst." Er drückte mir ein Rohr in die Hand. Ich verbarg es in meinem Gewand.

„Ein Lauschrohr. Drück es durch die Türscharniere am geheimen Besprechungszimmer."

„Aber wenn mich einer sieht –"

„Umsonst ist die Freiheit nicht zu haben, Mäntelchen. Merk dir: Umsonst ist nur der Tod." Er schwieg und fügte nach einer Weile hinzu: „Das dumme Wörtchen ‚aber' will ich nie mehr hören. So dumm bist du doch nicht."

Und schon war er wieder verschwunden. Ich zitterte am ganzen Körper. Doch ich musste tun, was er von mir verlangte. Schließlich wollte ich frei sein.

Die Götter Ägyptens zur Zeit Kleopatras

Seit Jahrtausenden verehrten die Ägypter ihre Pharaonen als Söhne des Sonnengottes. Der Pharao übernahm als König auf Erden die Rolle des Schöpfergottes. Als Herr aller Menschen und Götter hielt er die Welt durch Kulthandlungen in den Tempeln in Gang, erbaute Tempel und brachte Opfer dar. Gott und Pharao bildeten ein Team – der Gott hatte den Pharao eingesetzt, der Pharao erfüllte seine Verpflichtung dem Gott gegenüber.

Auch Alexander ließ sich nach der Eroberung Ägyptens zum Sohn des Sonnengottes Amun-Re erklären. Seinem Beispiel folgten die Ptolemäer, indem sie sich in Memphis, der früheren Hauptstadt Ägyptens, krönen ließen.

Zur Zeit der letzten Ptolemäerkönige hatten sich in Alexandria und ganz Ägypten griechische und altägyptische Vorstellungen miteinander vermischt.

Die wichtigsten Götter waren:

Serapis: Er wurde von König Ptolemaios I. in die ägyptische Götterwelt eingeführt. Sein Kult sollte Griechen und Ägypter mit-

Statuette der Isis mit dem Horuskind

49

einander verbinden. In Serapis vereinigten sich die Götter Osiris, Zeus, Asklepios und Dionysos. Im Serapeum von Memphis lebten die heiligen Apis-Stiere und wurden dort nach ihrem Tod in riesigen Steinsarkophagen beigesetzt. In ptolemäischer Zeit kamen Kranke von weit her gepilgert, um hier geheilt zu werden.

Eng verbunden mit dem Apis-Stier war der Gott **Ptah,** der als Schöpfer der Welt, der Künste und des Handwerks galt. Er war einer der Schutzgötter der Könige. Der oberste Ptahpriester krönte den König in Memphis.

Isis und **Osiris:** Isis war die Schwester und Gemahlin des Gottes Osiris. Nachdem ihn sein Bruder, der böse **Seth,** ermordet hatte, betrauerte sie ihn und suchte seine zerstückelten Körperteile zusammen. Mithilfe ihrer Schwester **Nephtys** und des Mondgottes **Thoth** gelang es ihr, dem toten Osiris wieder etwas Leben zurückzugeben. Er konnte im Jenseits weiterleben und Isis gebar den gemeinsamen Sohn **Horus.** Auf Münzen ließ Kleopatra sich als Isis darstellen, die das Horuskind säugt.

Fünfter Bericht: Die Reise übers Meer in eine kalte Stadt

Mit den vier prächtigsten Seglern der ägyptischen Flotte und mehreren Transportbooten setzten die Könige Ägyptens im Sommer des nächsten Jahres nach Italien über. Die Fahrt dauerte 20 Tage. Wir fuhren durch riesige Wellen hindurch und die Königin litt unter der Seekrankheit. Trotzdem musste ich ihr jeden Tag um die Mittagszeit den Purpurmantel umlegen. Dann trat sie als Göttin Isis auf das Oberdeck.

„Isis ist bei euch. Der Sturm kann euch nicht schädigen", rief sie. „Isis ist die Herrin der Seefahrt. Sie macht das Meer schiffbar." Die Eunuchen, Kammerfrauen und Küchenbediensteten warfen sich alle vor ihr nieder und stimmten den Dankgesang an.

„Isis beschützt euch", rief Kleopatra. Dann hastete sie ins Schiffsinnere zu ihrem Ruhebett. Ich konnte ihr gerade noch den Mantel von den Schultern ziehen, da beugte sie sich schon über den goldenen Eimer, den Iras ihr hinhielt.

„Sollen wir zurückfahren?", fragte Mardion, als sie sich wieder erhoben hatte und starr geradeaus sah. Auch ihm setzte die Seekrankheit zu. Da halfen auch die Weihrauchkessel nicht, die er ständig schwenkte.

„Nie und nimmer. Ich will nach Rom", antwortete die Königin. „Kaisaríon soll seinen Vater besuchen."

Kaisaríon, inzwischen fast ein Jahr alt, saß vor ihr auf dem Boden und schichtete goldene Bauklötze übereinander. Ihm machte der Wellengang nichts aus.

Philotas ging umher und verteilte Medizinkügelchen. Bei mir wirkten sie, bei der Königin leider nicht. Er hatte so viel mit der Seekrankheit der Königin und der Hofbeamten zu tun, dass er kaum noch zum Essen kam. Während meine Hüften sich immer mehr rundeten, wurde sein Gesicht immer schmaler.

Löwen und Leoparden, zwei Elefanten, Badewannen, Möbelstücke, Dienerschaft und die komplette Mücheneinrichtung bis hin zum letzten Küchenjungen wurden mitgeführt. Natürlich reisten auch die gallische Leibwache und alle wichtigen Eunuchen mit. Ein Lastschiff war beladen mit Verpflegung für den Hof und ein weiteres mit Geschenken für den Diktator, das Volk von Rom und die Senatoren.

„Gibt es in Rom keine Häuser mit Küchen und Bädern?", fragte ich Skellios wenig später beim Mittagessen auf dem Oberdeck.

„Wohl nicht", sagte Skellios. „Die Römer wohnen in winzigen Häusern und baden selten. Genug geredet, wir müssen die Königin ankleiden. Die Küste kommt näher!"

Wir hasteten hinunter. Kleopatra saß noch auf ihrem Diwan, eine Bücherrolle in den Händen, und hörte Mardion zu, der, den Kopf gesenkt, vor ihr kniete und eindringlich auf sie einsprach.

„Nicht länger als zwei Wochen, Königin. Ägypten braucht die wachsamen Augen seiner Könige."

„Meine Anwesenheit in Rom wird auch Ägypten nützen. Hier entscheidet sich die Zukunft meines Landes."

„Wahre Worte spricht die Königin in unermesslicher Weisheit. Doch denk daran, Tochter des Re, wenigstens den König zurückzusenden. Ihn braucht man nicht in Rom."

„Mein Bruder bleibt an meiner Seite. In Alexandria würden sie mich vielleicht wieder absetzen, wenn er ohne mich dort wäre. Er ist leicht beeinflussbar."

Mardion bekam einen Hustenanfall.

„Ich weiß, du bist anderer Meinung. Aber glaub mir – niemand ist gefährlicher für eine Königin als ihr eigener Bruder."

„Einer Meinung sind wir, Königin. Unermessliche Weisheit fließt aus deinem Mund", beteuerte Mardion.

Kleopatra sprach weiter, während ich ihr den Purpurmantel über die Schultern legte. „Caesar muss Ägypten die Tribute ermäßigen. Kaisarion soll vorgestellt werden. Alle sollen ihn sehen. Rom muss zustimmen, dass er demnächst König von Ägypten wird." Ich überlegte. Wie stellte sie sich das vor? Sollte Ägypten etwa von drei Königen regiert werden? Mardion unterdrückte einen Seufzer.

„Wenn wir mithilfe der Götter in Italien sind, werde ich mich so schnell nicht wieder auf ein Schiff begeben", stöhnte Kleopatra.

„Königin, wir reisen in eine Stadt ohne Bibliotheken, umgeben von Sümpfen. Es gibt nur Holzhütten zum Baden und Gebäude aus Ziegeln. Rom ist eine Republik*. Die Menschen sind an den Umgang mit Königen nicht gewöhnt."

Ganz so schlimm war die Stadt Rom dann doch nicht. Die Königin bekam eine prächtige Villa in einem Park vor der Stadt als Wohnort angewiesen. Der Park und die Villa gehörten Caesar. Kleopatra, ihr Bruder und der kleine Sohn wohnten mit den obersten Eunuchen und den Kammerfrauen in dem stattlichen Gebäude. Skellios, Philotas und ich hausten in kleinen fensterlosen Verschlägen unter der Treppe. Die übrige Dienerschaft, die Gallier und die Küche waren in Zelten untergebracht. Das größte Zelt mit goldenen Troddeln über dem geschwungenen Eingang wurde in der Mitte des Parks aufgebaut. Hier sollten die Morgenempfänge der Königin und abends ihre Feste stattfinden.

Schlangen von Senatoren warteten von nun an täglich vor dem Eingangstor der Villa darauf, eingelassen zu werden. „Warum sind es so viele?", fragte ich Skellios. „Es sind ja mehr als in Alexandria. Ich dachte, Rom ist eine Republik und sie hassen Könige."

„Sehr einfach – jeder Senator will unsere Königin und ihren Hofstaat wenigstens einmal gesehen haben", sagte er. „Außerdem hofft jeder auf ein königliches Geschenk aus Kleopatras Hand."

Wo immer sie war, schritt Ptolemaios, Kleopatras Brudergemahl, wie ein Schatten neben ihr einher. Wenn sie mit ihm allein war, schrie sie ihn an. Er durfte keine Dokumente unterschreiben. Bevor er das Haus verließ, musste er sie um Erlaubnis bitten.

„Sie traut ihm nicht", flüsterte Philotas mir zu. „Je älter er wird, desto mehr verbietet sie ihm. Sie lässt ihn nicht allein mit Senatoren sprechen."

„Sie hat mehr Erfahrung als er", verteidigte ich meine Königin. „Und sie hat mit ihrer kleinen Schwester erlebt, wie schnell ihr Thron ins Wanken geraten kann."

Der erste Morgenempfang der Königin war in Rom ein Ereignis, bei dem niemand fehlen wollte. Kleopatra und Ptolemaios thronten auf ihren goldenen Sesseln, die Doppelkronen auf den Häuptern, Kleopatra im Isisgewand mit dem Purpurmantel über der Schulter.

Kleopatra enttäuschte ihre Besucher nicht. Jeder verließ das Gelände entweder mit zwei dunkelhäutigen Sklaven, einem Wüstenfuchs, einer zahmen Antilope, einem silbernen Teller oder einem goldenen Löffel. Auch Buchrollen, Ringe und Glasflakons mit Parfüm verschenkte sie.

Zwei ältere Jungen standen den ganzen Morgen über herum, machten Witze und langweilten sich. Sie mochten 15 oder 16 Jahre alt sein und ich überlegte, warum sie so respektlos waren. Fragend sah ich Skellios an. Er half dem kleinen Kaisarion, zwei klappernde Nilenten aus Goldblech gegeneinander kämpfen zu lassen.

„Octavius*, Caesars Großneffe, und sein Freund Agrippa*", flüsterte Skellios mir zu.

Octavius, ein blasser magerer Junge mit fein geschnittenen Gesichtszügen, bückte sich und überreichte Kaisarion eine silberne Rassel. Agrippa, sein pockennarbiger, breitschultriger Freund, lachte albern.

„Etwas mehr Respekt vor dem Sohn der Königin Ägyptens", mahnte Skellios.

„Ich bin ein naher Verwandter des Diktators", sagte der blasse Junge.

„Dann bitte ich um noch mehr Höflichkeit. Kaisarion ist der nächste Verwandte des Diktators." Skellios nahm Kaisarion die Rassel aus der Hand.

„Sie ist nur aus Silber. Damit spielt er nicht", sagte er und reichte sie Octavius.

„Nur aus Silber", brabbelte Kaisarion. „Spielt er nicht."

Plötzlich berührte jemand meine Hand. Es war der Schlangenmann. Im ägyptischen Schurz stand er barfuß neben mir. Ich hatte gedacht, er sei in Alexandria zurückgeblieben.

„Mehr Politik", zischte er mir zu. „Keine Geschichten von Skellios und Philotas. Verstanden?"

„Aber –"

„Du willst wissen, wo du mich findest?" Er lachte kurz auf. „Das überlass nur mir. Leg die Rollen mit dem Bericht unter dein Kopfkissen. Ich hole sie mir."

„Aber –" Ich musste verhindern, dass er sich Sachen aus meinem Schlafraum holte. Außerdem wollte ich ihm Fragen stellen. Doch er war schon wieder fort.

Mehr Politik – aber genau davon verstand ich nichts! Einmal erwischte ich Skellios in einem freien Moment. „Was will die Königin eigentlich in Rom?", fragte ich ihn. „Warum ist ihr Ägypten nicht mehr wichtig?"
„Nirgendwo auf der Welt kann sie so viel für Ägypten tun wie in Rom an der Seite Caesars." Skellios warf einen wachsamen Blick um sich, aber wir waren allein im Park der Villa. „Glaub mir, die Königin denkt jeden Tag an Ägypten. Aber nur bei Caesar in Rom kann sie Vorteile für das Land ergattern."
Ich sah Demon in der nächsten Zeit nicht wieder. Die für ihn geschriebenen Berichte, die ich unter mein Kopfkissen legte, verschwanden wie von Zauberhand. Nach einiger Zeit hatte ich mich daran gewöhnt. Es passierte sehr viel in den knapp zwei Jahren, die wir in Rom verbrachten. Oft kam Caesar zu Besuch, spielte mit Kaisaríon und beriet sich mit der Königin. Er fragte sie um Rat und sprach mit den ägyptischen Astrologen und Wissenschaftlern aus Alexandria.
Ich gab mir Mühe, alles zu verstehen, was ich belauschte. Ich vergaß den Schlangenmann, schrieb meine Berichte und legte sie unter mein Kopfkissen.

Inzwischen war es wieder März geworden. Wir waren das zweite Jahr in Rom. Draußen regnete und stürmte es. Die Königin gab ein besonderes Fest für Julius Caesar, der demnächst in einen neuen Krieg aufbrechen wollte. Die Römer wollten die Parther unterwerfen. Auch die Könige Ägyptens planten, Rom zu verlassen, um in der Nähe von Caesars Hauptquartier zu sein.

Kaisarion war mittlerweile bald drei Jahre alt und sprach mit seinem Vater, dem Diktator, bereits Lateinisch, mit seiner Mutter Griechisch. Und Mardion beschimpfte er auf Ägyptisch. Obwohl er todmüde war, sprang er noch zwischen den Besuchern hin und her. Es war unmöglich, ihn ins Bett zu bringen, während in den unteren Räumen der Villa gefeiert wurde.

Ich stand etwas weiter weg von Kleopatra, behielt sie aber im Blick, für den Fall, dass sie meine Hilfe brauchte. Ein griechisch gekleideter Mann mit gepflegtem Backenbart und eine stark geschminkte Frau mit großen goldenen Ohrringen standen vor einem Fenster im Gespräch beieinander.

„Welche Ehre hat Caesar eigentlich noch nicht bekommen?", fragte der Grieche mit einem spöttischen Blick auf den Diktator, der eben den Saal betrat. Caesar trug an diesem Abend die roten Stiefel seiner Vorfahren zum goldbestickten Triumphalgewand und den Lorbeerkranz auf dem kahlen Haupt.

Alle Anwesenden erhoben sich. Nur Kleopatra und ihr Bruder blieben auf dem Liegebett, ohne ihre Haltung zu verändern.

„Er ist zum Diktator auf ewig ernannt worden", sagte die Frau leise.

„Das ist wie ein König", erwiderte der Grieche.

„König will er nicht heißen. Bei uns in Rom ist das unmöglich. Man muss es anders nennen, dann geht es."

„Ich habe gehört, in der Senatssitzung an den Iden[9] soll er zum König ernannt werden. Stimmt das?"

„Weiß nicht. Vielleicht wollen sie es tun, damit er vor den Parthern besser dasteht."

„Ich glaube, er will es, damit er vor Kleopatra besser dasteht."

„Ich hab dir doch gesagt, König kann man in Rom nicht werden."

„Warum nicht?"

„Tyrannen werden in Rom umgebracht."

„Schau sie dir an! Geschmacklos, sich so mit Gold zu behängen! Caesar wird sie noch heiraten. Eine Königin!"

9 Iden – *Die Iden bezeichnen im römischen Kalender einen bestimmten Tag in der Monatsmitte. Die Iden des März fallen auf den 15. März.*

„Aber er hat doch seine römische Ehefrau Calpurnia."

Sie steckten die Köpfe zusammen und sprachen leiser. Ich wusste, dass Demon sich für das Gespräch interessieren würde, und rückte näher heran.

„Es gibt Leute, die den Diktator vor allem wegen der Ägypterin hassen", sagte die Frau und schüttelte ihre Ohrringe.

„Die Dolche sind schon geschärft", sagte der Grieche fast unhörbar.

„Heute tritt der Sänger Hermogenes auf", flüsterte Skellios mir zu. „Der wird dir gefallen."

Er verstummte, denn soeben kamen zwei neue, jugendliche Gäste. Huldvoll lächelnd ging Caesar auf sie zu und führte sie zur Königin. Alle Blicke wendeten sich ihm und seiner Begleitung zu.

„Die Dolche sind schon geschärft" – dieser Satz ging mir nicht mehr aus dem Kopf.

Die Königin richtete sich auf ihrem Liegebett kerzengerade auf. Ihr strenger Ausdruck verwunderte mich. So hatte sie den Diktator noch nie angesehen.

„Ich habe zwei besondere Gäste mitgebracht", sagte Caesar. Die junge Frau an seiner Rechten trug ein purpurfarbenes Gewand mit Goldstickerei und breite goldene Armreifen. Ihr Gang glich dem der ägyptischen Königin, ihr Gesicht erinnerte mich an jemanden, den ich schon einmal gesehen hatte. Die Statue im Park, plötzlich fiel sie mir wieder ein.

Alle im Saal verstummten, die Blicke der Gäste richteten sich auf die beiden Neuankömmlinge und den Diktator, der sie präsentierte, als habe er sie der Königin zum Geschenk überreicht.

Der Junge zur Linken des Diktators trug die römische Kindertoga und um den Hals eine Goldkapsel, was zeigte, dass er das römische Bürgerrecht besaß. Sein melancholisches Gesicht war das eines Wüstenbewohners.

„Ich darf euch Arsinoe, die Schwester der Königin, vorstellen und Juba, den Sohn des afrikanischen Königs, den ich besiegt habe." Der Diktator lächelte sein knappes Imperatorlächeln.

„Aber!", stieß ich hervor. Skellios rollte ein Wachtelei vom Teller herunter.

„Niemand hat unsere Königin so bedroht wie ihre Schwester Arsinoe. Geschmacklos, dass der Diktator sie hierher bringt."
Seine Augen funkelten vor Ärger. „Sie hat den Tod verdient."
„Aber – warum lebt sie dann noch?", fragte ich.
„Hundert Mal hat Kleopatra Caesar gebeten, Arsinoe endlich den Hals umzudrehen. Er tut es einfach nicht." Skellios seufzte tief. „Auch eine Königin stößt manchmal an Grenzen."
Die Aufrührerin sah aus, als könnte sie kein Wässerchen trüben. Sie verneigte sich tief vor ihrer Schwester. Kleopatra machte eine abweisende Handbewegung. Sofort führte Mardion Arsinoe zur Seite. Danach wischte er mit einem Lappen über den Boden, auf dem sie gestanden hatte, und schwenkte einen Weihrauchkessel hin und her.
Der Sänger Hermogenes stieg auf das runde Podest in der Mitte des Saals, ließ die Hand über die Seiten der Leier fliegen und begann zu singen.
Er gefiel mir so gut, dass ich nicht mehr auf die Königin achtete.
„Das hätte Caesar nicht tun dürfen", seufzte Skellios. „Man sieht ihr an, dass sie verärgert ist."
Arsinoe stand verloren inmitten der Menschen.
„Kennst du sie?", fragte ich Skellios.
„Aber natürlich. Ich habe sie in Alexandria beim Essen bedient."
„Warum gehst du nicht zu ihr?"
„Heiliger Hund, begreif endlich. Sie hat die Königin verraten."

Caesar – Diktator und Beschützer Kleopatras

Im Oktober des Jahres 46 v. Chr. hatte Caesar in seinem Triumphzug* über Ägypten den Römern die gefangene Arsinoe vorgeführt. Das junge Mädchen in Ketten erweckte das Mitgefühl der Römer. Danach blieb Arsinoe einige Zeit in Rom in Schutzhaft. Später begab sie sich nach Ephesus. Kleopatra misstraute ihr und ließ sie im Jahr 41 v. Chr. durch Marcus Antonius töten.

Zu Beginn des Jahres 44 v. Chr. war Caesar zum „Diktator auf Lebenszeit" ernannt worden. Ursprünglich war das Amt für besondere Notlagen des Staates auf fünf Jahre begrenzt. Außerdem war er „Pater Patriae" (Vater des Vaterlands). Gerüchte gingen um, er wolle sich in der Senatssitzung an den Iden des März als König einsetzen lassen, um so in den Partherkrieg zu ziehen. Außerdem hieß es, er werde das Recht erhalten, mehrere Ehen zu schließen – man fürchtete, er wolle Kleopatra, die Barbarenkönigin, heiraten.

Den Senat, ursprünglich 600 ehemalige Staatsdiener, hatte Caesar durch seine Günstlinge auf die Zahl von 900 Senatoren erweitert. Auch dadurch hatte der Dikator sich verhasst gemacht. Sosehr man sich über seine Großzügigkeit dem Volk gegenüber freute – er hatte auch viele Feinde. Er galt als arrogant und als Zerstörer der Republik.

Sechster Bericht: Ein schrecklicher Tag im März

In den nächsten Tagen gingen die Vorbereitungen für den Aufbruch des Diktators weiter. Er wollte zunächst mit den Truppen nach Brundisium und von dort zu Schiff nach Griechenland. Dort wartete sein Verwandter Octavius auf ihn. Zusammen mit weiteren Truppen würden sie dann nach Osten reisen. Auch in unserer Villa in Caesars Park standen die Reisekisten fertig gepackt übereinander.

Mehrere Missgeschicke und Unglücksfälle ereigneten sich in diesen unruhigen Tagen. Eine Statue Caesars fiel im Sturm um und zerbrach am Kopf. Niemand konnte etwas dafür, trotzdem wurden zwei Diener ausgepeitscht. Auch mir passierte etwas Ärgerliches.

„Was hast du getan, Syris drei!" Mardion schlug zweimal zu. Meine Wange brannte. Es war das erste Mal, dass er mich schlug. „Du hast den Mantel zerrissen."

„Aber!", rief ich. Ich hatte den feinen Riss im Purpurmantel übersehen. Er war plötzlich da, einfach so. Es war nicht meine Schuld, das Gewebe war über hundert Jahre alt.

„Die Königin möchte ihn heute tragen. Der Diktator kommt nach der Senatssitzung bei ihr vorbei. Bring das in Ordnung."

Zitternd kauerte ich mich vor das Fenster zum Innenhof und machte mich an die Arbeit. Mardion würde mich wieder schlagen, wahrscheinlich sogar auspeitschen lassen, wenn man sah, dass der Riss gestopft war. Aber sowie ich den Faden eingefädelt hatte, beruhigte ich mich. Das seidene Garn war das feinste in meinem Nähzeug. Ich setzte Stich hinter Stich. Obwohl ich inzwischen viel dicker war als vor drei Jahren, waren meine Finger dünn geblieben. Ich war zufrieden: Man sah wirklich nichts. Der Mantel glänzte wie ein neues Stück.

„Sehr gut", sagte Skellios, der mir über die Schulter blickte. Draußen stürmte es. Ab und zu fegte ein Regenschauer über die Stadt. Es war der Morgen der Iden des März.

„Wann wird der Diktator hier sein?", fragte ich.

„Um die Mittagszeit", sagte Skellios. „Lass uns zur Königin gehen."

Ich zog der Königin den Mantel über die Schulter. Etwas beunruhigte sie.

„Mardion, warum ist der Bote noch nicht zurück?"

Mardion hob die Hände. „Königin, der Diktator wird die Antwort noch nicht geschrieben haben."

„Er antwortet immer sofort."

Wenn der Diktator in Rom unterwegs war, schickte Kleopatra
ihm kurze, auf Onyx* geschriebene Botschaften durch einen
der schnellen Nubier zu. Normalerweise kam er wenig später
mit einer Nachricht Caesars zurück. Ich wanderte in den Räumen
des Erdgeschosses umher und ging dem herrlichen Duft nach,
der aus der offen stehenden Küche kam.

Ich erspähte eine Platte mit gefüllten Eiern. Es waren mindestens hundert. Ich konnte nicht widerstehen. Eins nach dem
andern verzehrte ich, zehn, fünfzehn Hälften. Oh, war das gut!

Plötzlich schrak ich zusammen.

Markerschütternde Schreie einer Frau gellten durch die Villa.
Dann heulten und schrien alle Diener im Haus. Ich hastete in
den Empfangsraum, in dem die Königin war-
tete. Sie hielt den Purpurmantel und zer-
riss ihn.

„Aber!", schrie ich und hatte
die Faust Mardions bereits
im Gesicht. Widerspruch gegenüber der Königin war verboten.

„Aber!", schrie ich ein zweites Mal
auf, denn die Königin warf den Mantel zu Boden, stampfte auf ihm herum und zerkratzte mit den Finger-
nägeln ihr Gesicht. Jetzt sah ich
den Nubier. Weinend kniete er vor

Kleopatra und stammelte in seiner Sprache immer wieder den gleichen Satz.

„Was – was sagt er denn?", fragte ich Skellios, der auf mich zukam.

„Sie haben den Diktator ermordet", flüsterte er. „Alles ist aus!"

Noch am selben Tag erschien der Konsul Marcus Antonius bei der Königin. Sein Gewand war blutbespritzt und zerrissen. Er bestätigte die Worte des Nubiers. Caesar war tot, von 40 Senatoren zu Beginn der Senatsversammlung im Pompeiustheater erstochen.

„Warum hast du ihn nicht beschützt?", schrie Kleopatra Antonius an.

„Ich bin später gekommen. Jemand hat mit mir gesprochen." Er sah sich um. „Die ganze Stadt ist in Aufruhr. Ihr müsst sofort zurück nach Ägypten. Für eure Sicherheit kann ich nicht mehr garantieren."

„Das Volk von Rom hat Caesar geliebt!", schluchzte Kleopatra. „Alle lieben ihn. Sie werden seine Mörder zerfetzen! Ich bleibe hier!"

Weinend umarmten sie sich.

„Königin, denk an die Sicherheit von Kaisaríon. Ich sende Nachrichten. Jetzt muss ich mich selbst bei Freunden verstecken. So lange, bis klar ist, wie die Dinge weitergehen."

Mardion führte ihn beiseite und versorgte den Konsul mit Sklavenkleidung. Wenig später verließ Antonius die Villa, einen

Sack Getreide über der Schulter, wie ein gewöhnlicher Sklave. „Das Königshaus trauert", verkündete Mardion, als er gegangen war. „Schlagt eure Brust, zerkratzt eure Gesichter, heult und schreit, zerreißt eure Gewänder! Es gibt nur Wasser und abends altes Brot!"
Wie gut, dass ich die Eier gegessen hatte. Noch Tage später fühlte ich mich gesättigt. Ich hatte große Angst um meine Königin. Sie weinte und schrie und stieß Mardion das Brot aus der Hand, das er ihr brachte. Nicht einmal Wasser wollte sie trinken.

Mehr aus alter Gewohnheit kniete ich zwei Tage nach dem Tod Caesars vor dem geheimen Besprechungszimmer und horchte und spähte abwechselnd durch das Rohr. Nur der Sonnenuntergang erleuchtete das Zimmer. Mit zerkratztem Gesicht, ungekämmtem Haar und zerfetztem Gewand saß die Königin auf ihrem Diwan und beriet sich mit Mardion und den Kammerfrauen Iras und Charmion. Kaisaríon schob mit ernster Miene ein goldenes Kamel über den Boden.

„Die Ermordung Caesars ist mehr als ein Verbrechen. Sie ist vor allem ein Fehler", ließ sich Mardion vernehmen.

„Rom steht vor endlosen Bürgerkriegen", sagte die Königin.

„Ich kenne den Inhalt des Testaments. Wenn der junge Octavius hier auftaucht und sein Erbe antreten will, werden sich die Veteranen* Caesars auf die Seite des jungen Mannes stellen."

„Der Diktator hat in seinem Testament verfügt, dass Octavius sein Adoptivsohn wird", bemerkte Mardion. „Er nennt sich jetzt Gaius Julius Caesar Octavianus."

„Sohn Caesars darf er sich nennen!", rief Kleopatra. „Dabei gibt es einen richtigen Sohn."

„Ist ein Ägypter, kein römischer Sohn", ließ sich Kaisaríon vernehmen. „Wo ist Pappas Caesar?" Er war viel zu klug für sein Alter.

Ich packte mein Lauschrohr wieder ein. Wen interessierten meine Berichte denn noch nach dem Tod des Diktators?

Eine schwere Hand legte sich auf meine Schulter. Ich sah auf. Vor mir stand Demon, der Schlangenmann. Er trug den ägyptischen Schurz und leichte ägyptische Sandalen.

„Caesar ist tot", sagte er. „Aber die Partei Caesars lebt weiter."

„Die – Partei Caesars? Wen meinst du damit?"

„Caesar – das war nicht nur ein Mann. Caesar – das sind Zehntausende, die noch leben." Ich begriff nicht, was er meinte.

„Gut, dass du weitermachst", sagte er mit seiner kehligen Stimme. „Wir müssen sofort weg. Zuerst die Königin mit dem König und Kaisaríon."

„Aber!"

„Ein Mörderkommando ist auf dem Weg zur Villa!" Er stieß mich zur Seite und riss die Tür auf. Über Demons Arm hingen Armenkittel und Dienermäntel.

„Wir müssen fort!", rief er in den Raum hinein. Niemand war erstaunt über sein Erscheinen.

Demon half Kleopatras Brudergemahl in den Sklavenkittel und den Kapuzenmantel. Als er ihm auch noch ungegerbte Rindslederschuhe überzog, sah der König Ägyptens aus wie ein herkömmlicher Sklave.

„Lass du meine Kleider in Ruhe", schrie Kaisarion. Es war unmöglich, ihn umzuziehen.

Von der Eingangstür her war Gepolter zu hören. Ihr lieben Götter, wo waren eigentlich Skellios und Philotas? Ihnen war doch hoffentlich nichts zugestoßen?

„Sie kommen!", schrie Iras.

Die Schläge gegen die Tür wurden immer stärker. Die gallischen Leibwächter füllten die Vorhalle. Ich wickelte den schreienden Kaisarion in eine warme Decke. Kleopatra hüllte sich in meinen Mantel, den Mantel einer sterblichen Sklavin. In diesem Moment gab die Eingangstür knirschend nach. Ich hörte das Klirren von Schwertern und die dumpfen Schreie unserer Wächter.

„Hilf uns, Demon", schrie ich. „Bring uns fort!"

Der Schlangenmann fletschte die Zähne.

„Syris, du bleibst im Haus", zischte er. „Lenk sie auf eine falsche Spur." Mit einer Hand packte er den brüllenden Jungen, mit der anderen zog er vor unseren Füßen eine Bodenplatte hoch. Er drückte Kleopatra respektlos nach unten, Charmion und Iras folgten ihr wie Schatten, Demon stieg hinter ihnen eine Treppe in dunkle Kellertiefen hinab. Kaum waren sie verschwunden, schlug ich die aufgestellte Bodenklappe zu. Zitternd blieb ich auf ihr stehen.

Immer noch schlugen sich die Gallier mit den Eindringlingen. Doch dann standen zwei riesige Gladiatoren vor mir.

„Wo ist die Königin?", herrschte mich der größere der beiden an.

„Längst fort", stieß ich hervor.

„Wo ist sie?"

„Sie wollte ins Albanergebirge", log ich. „Irgendwo auf der Via Appia wird sie sein. Sie ist seit gestern unterwegs."

„Und ihr Sohn?"

„Der ist bei ihr."

Grinsend drückte er mir die Spitze eines Messers an die Kehle.

„Wo ist die Kasse?"

„In der Wand, hinter dem Isisaltar." Das war die Wahrheit, aber der größere Teil des Schatzes war schon gestern zum Hafen gebracht worden.

Johlend stürzten sich seine Gefährten auf das Versteck. Andere durchwühlten den großen Schrank und zerrten Buchrollen und Dokumente hervor.

„Bist ein braves Mädchen", lobte mich der Gladiator und steckte sein Messer wieder ein. Im selben Moment sank er nach hinten, getroffen vom Schwertschlag eines Leibwächters.

„Komm, Syris!" Plötzlich war Philotas hinter mir aufgetaucht.
„Aber", rief ich, „wir können nicht einfach ohne Skellios gehen!"
„Keine Sorge Mäntelchen, er ist schon an Bord des Schiffes,
das uns in Sicherheit bringt!"
Ich dankte den Göttern, beide waren am Leben und Philotas war
zurückgekommen, um mich zu retten. Er nahm meine Hände
und wir verließen das Haus. Das war unser letzter Tag in Rom.

Der Mord an Caesar – Freiheit für Rom?

Die Bürgerkriege schienen durch Caesar beendet. Senat und Volk dankten es ihm mit einer Anhäufung von Ehren. Am 14. Februar 44 v. Chr. erhielt er den Titel „Diktator auf ewig". Es wurde gemunkelt, bei der Senatssitzung an den Iden des März 44 v. Chr. solle ihm der Königstitel verliehen werden. Letzten Endes wäre es nur eine Formalität gewesen. Die unumschränkte Macht im Staat besaß Caesar längst.

Der 56-jährige Diktator war im Begriff, einen Feldzug gegen das Partherreich zu führen. Die Vorbereitungen waren abgeschlossen. Am 18. März wollte Caesar aufbrechen.

Doch seine Mörder waren schneller. Marcus Brutus war der Anführer der Verschwörung von etwa 40 Senatoren. Viele der Verschwörer gehörten zum Freundeskreis Caesars, andere waren Pompeianer, also Anhänger des Pompeius und seiner Söhne. Der Redner Marcus Tullius Cicero, ein erklärter Gegner Caesars, war nicht eingeweiht.

Caesar war gewarnt worden. Trotzdem betrat er am 15. März verspätet den Sitzungssaal im Pompeiustheater. Sein Freund Antonius wurde vor dem Eingang abgelenkt, die Verschwörer griffen gemeinsam an. 23 Dolchstiche streckten Caesar nieder.

Es gab keinen Plan für die Tage hinterher, das war ein großer Fehler. Der Mord an Caesar brachte nicht die alte Republik zurück, sondern neue Bürgerkriege. Das Volk in Rom und seine Veteranen verehrten Caesar. Als das Tes-

tament des toten Diktators öffentlich verlesen wurde, geriet das Volk
außer sich. Caesar hatte die Römer
reich beschenkt. Die Caesarmörder
mussten Rom verlassen.

Aus Apollonia in Griechenland traf
Octavian, der zum Erben ernannte
18-jährige Großneffe Caesars, bald
ein und forderte von Marcus Antonius das Vermögen seines Onkels.
Zugleich verkündete der junge Mann,
er werde den Tod seines Adoptivvaters rächen. Caesars ehemalige
Soldaten, die Veteranen, und die Be-

völkerung Italiens und Roms schlugen sich begeistert auf
seine Seite. Darunter auch einflussreiche Männer wie der
Redner Cicero, der mit Antonius verfeindet war.

Der viel ältere Antonius hatte in Rom eine große Anhän-
gerschaft um sich geschart, sowohl „Republikaner" wie
Caesarianer, das Geld Caesars war weitgehend ausgege-
ben. Um Caesars Geschenke an das Volk auszuzahlen, ver-
steigerte Octavian deshalb seine eigenen Güter.

Büste des Gaius Julius Caesar

Siebter Bericht:
Göttertreffen in Tarsos

Drei Jahre waren seit dem Tag, an dem wir aus Rom geflüchtet waren, vergangen. Jetzt musste ich nur noch 14 Jahre auf meine Freilassung warten. Kaisarion, inzwischen sechs, war mittlerweile zum Mitherrscher seiner Mutter ernannt worden. Denn sein Onkel, der junge Ptolemaios, war mit 15 Jahren plötzlich blau angelaufen und tot zusammengebrochen. Während unserer Rückfahrt nach Ägypten hatte ich den zerrissenen Purpurmantel wieder zusammengenäht – eine schwierige Arbeit. Als wir in Alexandria eintrafen, war er wieder wie neu.

Nun waren wir wieder zu einer Reise über das Meer aufgebrochen. Mardion, Iras, Charmion und viele andere begleiteten die Königin. Diesmal ging die Reise von Alexandria zu Marcus Antonius nach Tarsos, an der Küste Kleinasiens. Er hatte die Befehlsgewalt über den Osten des Römerreichs. Er setzte Könige neu ein und legte die Abgaben für die Städte fest. „Es gibt keinen mächtigeren Mann als Marcus Antonius", sagte Mardion. „Als Feind der Königin wäre er die größte Gefahr."

„Was folgt daraus?", fragte Philotas.

„Sie muss ihn als Freund gewinnen", sagte ich.

„Was wird sie tun?"

„Sie wird ihm goldene Becher schenken." Inzwischen verstand ich schon etwas mehr von Politik.

Am späten Nachmittag bog unser Schiff in die Lagune von Tarsos ein. Es war kein gewöhnliches Schiff. Die aufgespannten Segel waren aus Purpurstoff, das Heck war mit Gold beschlagen und die Ruder versilbert. Die Ruder bewegten sich im Takt der Musik von Zithern, Schalmeien und Flöten. Das Meer lag in der warmen Abendsonne ausgebreitet wie ein goldener Teppich. Es war windstill. Die Musik vom Oberdeck war sicher weithin zu vernehmen.

Die Königin war die einzige, die keine Angst hatte. Meine Hände zitterten, als ich ihr den Purpurmantel um die nackten Schultern legte. Sie war jetzt Isis, in hauchdünne, vielfarbige Schleier gehüllt. Ein betörender Duft ging von ihr aus. Ihre Augen glänzten. Sie lag auf einem goldenen Götterbett unter einem Baldachin. Wie ein Altar erhob es sich in der Mitte des Schiffes. Der Ausrufer am Bug des Schiffes schrie immer wieder: „Die junge Isis besucht Dionysos in seiner Stadt!" Dann bliesen die Trompeter.

10 Dionysos – *griechischer Gott des Weines, des Rausches und der Fruchtbarkeit*

An den Ufern sammelten sich Menschen, sie winkten und jubelten. Boote kamen auf uns zugerudert und die Neugierigen in ihnen starrten auf unser ägyptisches Schiff, verneigten sich stumm und wagten nicht einmal zu fragen, wer da kam. So göttlich und erhaben war der Anblick vor ihren Augen.

„Man weiß nicht, wie es ausgeht", murmelte Skellios und ergriff meine Hand.

„Was meinst du?", fragte ich.

„Hm. Antonius hat doch unsere Königin nach Tarsos bestellt, um sie zu bestrafen, weil sie ihm keine Schiffe für die Schlacht gegen den Caesarmörder Cassius geschickt hat."

„Wie kann man die Königin Ägyptens bestrafen?"

„Leise, Syris." Er legte mir die Hand auf den Mund.

Ich schob seine Hand weg und flüsterte: „Sie ist die Nea Isis. Eine Göttin. Sie hat starke Zaubersprüche."

„Er ist von Rom beauftragt, die Königreiche im Osten neu zu ordnen", flüsterte Skellios. „Er wird nicht freundlich zu ihr sein."

„Da kennst du die Königin schlecht", rief ich. „Sie wird mit ihm sprechen und er wird sich schämen, dass er nur ein Römer ist."

Der Festsaal im oberen Teil des königlichen Schiffes war in ein Lichtermeer getaucht. Von der Decke hingen in unterschiedlichen Höhen Öllampen in geometrischen Mustern angeordnet.

Die Königin stand erhöht auf einem Stufenpodest, die Arme ausgebreitet, um die Gäste willkommen zu heißen. Ich kauerte neben ihr. Mit schnellen Schritten trat die Delegation der Römer ein. Sie gingen aufrecht, wie es nur Römer taten, wenn sie der Königin Ägyptens begegneten. Nun ja, sie waren schließlich die Herren der Welt. Marcus Antonius, den ich zuletzt als Konsul in Rom gesehen hatte, trug heute den Lederpanzer des Imperators. Die Blicke des römischen Feldherrn glitten von der Herrscherin zu den schwankenden Lichtmustern.

Kleopatra lächelte, was ich aus meinem Blickwinkel nicht sah, doch ich sah es widergespiegelt auf Marcus Antonius' Gesicht. Sein Mund öffnete sich. Er murmelte eine Begrüßung und verneigte sich. Als Römer warf er sich natürlich nicht vor ihr zu Boden, wie es jeder Mensch sonst tun musste.

„Die Lampen", stieß er dann hervor.

„Herzlich willkommen, Kyrios Autokrator Theos Epiphanes"[11], begrüßte Kleopatra den Römer. „Wie schön, dass du gekommen bist, um die Nea Isis zu begrüßen. Dionysos speist bei Aphrodite."[12] Kleopatra bewegte sich nicht, aber ich spürte, dass sie noch immer lächelte. Ja, die ägyptische Pracht machte den Römer sprachlos – und das entzückte sie.

„Die Lampen – sie rauchen überhaupt nicht. Wie macht ihr das, ihr Ägypter?"

„Ich werde dir das Geheimnis verraten – nach dem Abendessen."

---

11 Kyrios Autokrator Theos Epiphanes – *griechisch „Herr, Imperator, auf Erden erschienener Gott"*
12 Aphrodite – *griechische Göttin der Liebe*

Die Löwin und die Leopardin
bewegten sich unter den Gästen wie große Schmusekatzen. Marcus Antonius nahm
Platz auf dem Ruhebett, befingerte die goldenen Gefäße auf dem kleinen runden Tisch davor und stieß
versehentlich einen Goldpokal um. Während Diener ihm einen
neuen brachten und das Tischtuch austauschten, setzte die Leopardin sich neben ihm nieder und stupste mit der Schnauze
gegen seinen Arm, um gestreichelt zu werden.

„Oh, ihr Götter", stammelte der Römer und streichelte die Wild-
katze.

„Das tut sie nur bei Göttern", rief Kleopatra, die sich auf der
anderen Seite des Sofas niedergelassen hatte. „Sie hat deine
Göttlichkeit erkannt."

„Richtig, ich bin Dionysos." Marcus Antonius lachte laut auf.
„Römer denken anders über Gottmenschen als wir im Osten",
tuschelte Skellios. „Wäre er ein Grieche, müsste man sagen, er
benimmt sich schlecht."

Der Saal füllte sich mit Gästen. Die römischen Offiziere in ihren Lederpanzern blieben in der Eingangstür kurz stehen, ver-
beugten sich vor der Königin und wurden dann von einem dunkelhäutigen Diener zu ihrem Ruhebett geleitet und dort mit
Getränken und Essen versorgt.

Skellios reichte mir einen Becher voll schwarzem Wein. Ich
nippte nur daran und doch stieg er mir sofort zu Kopf. Jetzt
kam auch Philotas und setzte sich zu uns in die Ecke.
Skellios stieß mich kichernd an. „Heiliger Hund, so viel Gold
haben die noch nie beieinander gesehen."
Jeder dieser Römer nahm zuerst den Trinkbecher in die Hand
und betrachtete ihn fassungslos, bevor er trank.

„Durch und durch", schrie einer auf. „Echt Gold!"
„Bei mir sind Türkise dran", brüllte ein Tribun* zurück.
„Bei mir ist ein Smaragd drauf!"
„Nimm es ihnen nicht übel", entschuldigte sich Antonius bei
der Königin, „meine Männer sind den orientalischen Luxus
nicht gewöhnt. Römer brauchen derlei Dinge nicht."
Kleopatra brach in Gelächter aus.
„Bist du da ganz sicher, Autokrator?"

---

13 Autokrator – *griechisch für Herrscher; Übersetzung des lateinischen
„Imperator". Anrede für Antonius im griechischen Osten und Ägypten*

„Ich kenne sie doch!" Nach der Trinkspende für die Götter bedankte Antonius sich kurz bei der Gastgeberin, dann erklang Flötenmusik, Tänzerinnen bewegten sich durch den Festsaal und die Diener brachten Platten voll dampfender Speisen herein.

Die Königin richtete sich immer wieder halb auf. Zufrieden lächelnd betrachtete sie die über die Teller gebeugten Rücken der Römer, während ihre Finger zart über den Arm des Autokrators strichen.

„Hast du es gesehen?", flüsterte Philotas. „Komm, wir machen es genauso."

Ich nahm einen Bissen Pfauenfleisch und steckte ihn Philotas in den Mund, schaute hoheitsvoll um mich und bekrabbelte seinen nackten Arm.

„Königlich", flüsterte er mir zu.

Die Königin hob ihre goldene Schale und prostete dem Autokrator zu.

Mit fast der gleichen Eleganz hob ich meinen Silberbecher, strahlte Philotas an und trank ihm zu.

„Für den besten Kyrios und Autokrator!", rief Kleopatra. „Für die Freude der Völker des Ostens!"

„Für den besten Arzt am Hof!", schmeichelte ich Philotas.

„Du bist ein wunderbares, kluges, hübsches Mädchen", erwiderte er.

„Du bist eine wunderbare, kluge, schöne Königin", rief der Autokrator.

„Merkst du, was passiert ist?", fragte Philotas.

„Oh, ja, sie hat ihn erobert. Er wird von nun an tun, was sie will", kicherte ich.

„Wollte er sie nicht befragen wegen der Schiffe, die nicht gekommen sind, und wegen des plötzlichen Todes ihres Bruders?" Philotas war bester Stimmung.

„Wenn sie Gold und schöne Frauen sehen, verlieren die Römer den Verstand." Auch ich freute mich, dass die List meiner Königin gelungen war.

Es war früher Morgen, als Kleopatra sich erhob. Benommen vom Wein war ich dennoch sofort an ihrer Seite und geleitete sie in ihr Schlafgemach.

Während ich ihr den Mantel abnahm, stellte ich fest, dass der

14 Kyrios/Kyria – *griechisch für Herr/Herrin*

Autokrator mir dabei zusah. Er war uns gefolgt und sah, was kein Sterblicher sehen durfte.

„Verlass uns, Syris, und lass uns beide allein", sagte die Königin und legte sich langsam auf ihr Bett.

„Aber!", stieß ich hervor.

„Geh schon." Mit diesen Worten schob der Autokrator mich mitsamt dem Mantel zur Tür.

„Aber!", stammelte ich Philotas entgegen, der draußen auf mich wartete.

„Mäntelchen", sagte Philotas und zog mich an sich. „Heute benehmen wir uns genauso wie die Königin und Antonius. Es ist ein Befehl von ihr am Tag der heiligen Hochzeit."

Natürlich war es gelogen, aber ich schmiegte mich an ihn und er legte seinen Arm um meine Schultern.

Wie kam es zur Götterhochzeit von Tarsos?

Nach Caesars Tod im Jahr 44 v. Chr. geriet Ägypten aufs Neue zwischen die Fronten des römischen Bürgerkriegs. Antonius und Octavian forderten Schiffe der ägyptischen Flotte an. Kleopatra wollte sie persönlich überbringen, geriet aber in einen Sturm. Die meisten Schiffe wurden zerstört, sie selbst musste umkehren. Die Legionen, die sie aus Alexandria losgeschickt hatte, liefen auf die Seite des Caesarmörders Cassius über. Dafür wollte Marcus Antonius sie später zur Rechenschaft ziehen. Als sie ihn in Tarsos aufsuchte erzielte sie höchste diplomatische Erfolge. Sie gewann den römischen Imperator nicht nur durch ihren Charme, sondern auch durch reiche Geschenke. Es war ein Geben und Nehmen: Ägypten brauchte die Freundschaft der Schutzmacht Rom – und Rom benötigte die Reichtümer Ägyptens. Doch Kleopatra war und blieb eine Klientelkönigin* von Roms Gnaden.

Kleopatra, die Isis auf Erden, konnte sich in den Augen ihres Volkes nur mit einem ebenfalls göttlichen Menschen verbinden. Die Liebesbeziehung zu Marcus Antonius war kein Problem, da er sich im griechischen Osten als „Dionysos", der Gott für Wein, Rausch und Schauspiel, feiern ließ. Auch in Athen und Ephesus hatte man ihn als Gott verehrt. Kleopatra wurde in Ägypten als Nea Isis, die „junge Isis", verehrt. Der griechische Name Aphrodite war aus ägyptischer Sicht nur ein anderes Wort für Isis.

Für Ägypter, Griechen und die Menschen aus Kleinasien fand in Tarsos die „heilige Hochzeit" zweier Götter statt. Tanz, Gesang, Schmausereien und Jubel gehörten dazu. In den griechisch sprechenden Gebieten des Römischen Reiches – das war der Osten des Imperiums, den Antonius befehligte – wurden Prominente als auf Erden erschienene Götter verehrt. Ganz besonders galt das für die Reichen und Mächtigen, die einer Stadt Geld, Lebensmittel oder kulturelle Angebote spendeten. Göttlich zu sein, war von Vorteil. Es bedeutete einen größeren Abstand zum Rest der Menschen.

Anders in Rom und im Westen: Hier war es verpönt, dass lebende Politiker sich zum Gott erklärten. Julius Caesar wurde erst nach seinem gewaltsamen Tod zum „Divus Julius", zum „göttlichen Julius" ernannt.

Antonius und Cleopatra, **Gemälde von Johann Heinreich Tischbein (1774)**

Achter Bericht: Freudentag in Alexandria und ein kostbares Dessert

Nur noch sieben Jahre bis zu meiner Freilassung! 14 Jahre befand ich mich schon im Dienst der Königin und war 26 Jahre alt. Neun Monate nach der Götterhochzeit hatte die Königin Zwillingskinder geboren, ein Mädchen namens Kleopatra Selene und einen Jungen, Alexander Helios – Mond und Sonne! Nach Jahren der Trennung war der Autokrator Antonius schließlich zu unserer Königin zurückgekehrt. Und inzwischen gab es auch noch den zweijährigen Ptolemaios Philadelphos. Drei junge Götter neben dem Gott Kaisarion. Die Kinder des Antonius waren lustiger als der ernste Kaisarion. Sie brachten Leben und Fröhlichkeit in den Palast, wenn sie mit Bällen und Holzpferdchen über die Flure tobten. Kaisarion war jetzt 13 Jahre alt. Er hatte den gleichen Gang wie sein Vater Caesar. Manchmal blieb er vor mir stehen, um mir einen Befehl zu erteilen, und lächelte ein knappes Imperatorlächeln.

Marcus Antonius hatte Armenien erobert und war mit viel Beute und Gefangenen zurückgekehrt. Wieder einmal war Alexandria geschmückt. Die Festwimpel wehten von den Fahnenmasten der großen Tempel, Pauken und Trommeln wurden geschlagen. In den Straßen tanzten die Menschen.

Im Gymnasion* um die Laufbahn hatte sich die Bevölkerung von Alexandria versammelt. In der ersten Reihe auf den Ehren-

sitzen saßen ausländische Gesandte und die Klientelkönige mit ihren Familien. In der Mitte auf einer sich drehenden Plattform thronten auf vergoldeten Sesseln Kleopatra im Isisgewand mit dem Purpurmantel und der Autokrator, der heute einen goldenen Panzer trug. Ich kauerte zu Füßen der Königin, unsichtbar für die Zuschauer. Eine Stufe unter dem königlichen Paar waren vier Sessel für die Kinder errichtet. Würdevoll saß Kaisarion in dem seinen. Wie ein makedonischer Herrscher war er gekleidet. Kaum zu halten war der kleine Philadelphos. Er trug heute makedonische Stiefelchen, zerrte ständig an seinen purpurnen Gewändern und setzte den makedonischen Hut auf und ab. Unruhig schauten neben ihm Alexander Helios und seine Schwester auf die versammelte Menge. Alexander trug weite Hosen und auf dem Kopf die Tiara und die senkrechte Kitaris wie ein medischer König.

„Eine neue Ära hat begonnen. Kleopatra ist die Königin der Könige!", dröhnte Antonius' volle Stimme über den Platz.

Die Menge jubelte auf.

„Ptolemaios Caesar, Kaisarion, ist ihr Mitherrscher", rief Antonius. „König der Könige, Sohn des göttlichen Caesar und der Königin."

Noch mehr Jubel brandete auf. Und ich überlegte mir: Würde der Junge eines Tages die ganze Welt beherrschen, das Reich seiner Mutter Kleopatra und das Reich der Römer, wie sein Vater Caesar? Den Westen und den Osten?

Nun begann Antonius mit der Nennung der Titel für die jüngeren Kinder.

„Großkönig von Armenien ist Alexander Helios, Herrscher über das Land der Meder und das Partherreich."

Antonius bückte sich und hob ein verängstigtes kleines Mädchen in die Höhe. Wieder erklangen Trompetenstöße. Wir erfuhren, dass die fünfjährige Iotape die Tochter des Mederkönigs war. Antonius hatte sie vom letzten Feldzug mitgebracht.

„Sie ist von jetzt an mit Alexander Helios verlobt", verkündete der Autokrator. Die Kleine brach bei diesen Worten in lautes Weinen aus. Ich gab mir Mühe, gut zuzuhören. Schließlich waren das die Dinge, die in die Berichte für Demon gehörten.

Der kleine Philadelphos sollte König über Syrien und Kleinasien sein, die sechsjährige Kleopatra Selene wurde zur Königin von Kyrene ernannt.

Ich hatte Philotas noch immer nichts von den Berichten erzählt, die ich regelmäßig Demon überbrachte. Mir war klar, dass er sie nicht billigen würde. Aber ich dachte an den Tag meiner

Freilassung, den ich mir verdienen musste. Und ich hoffte, ihn zusammen mit Philotas erleben zu können.

Und so schrieb ich immer weiter und gab die Papyrusrollen Demon, ohne zu fragen, was er damit anfing. Ich fragte Philotas sogar aus, damit ich mehr zu schreiben hatte. Denn er gehörte inzwischen zu den Ärzten, die auch Marcus Antonius betreuten. Die Kinder erhoben sich und umarmten ihre Eltern. Dann kamen die neuen Leibwachen der frisch ernannten Könige und geleiteten sie zum Palast. Alexander erhielt armenische Leibwächter, Philadelphos makedonische. Eine nordafrikanische Wache marschierte für die kleine Selene heran, dunkelhäutige Bogenschützen. Selene strahlte vor Freude. Die Erzieher kamen und begleiteten die Kinder und ihre Leibwachen zum Palast. Philadelphos hielt es jetzt keinen Augenblick länger auf der Plattform aus.

Als das königliche Paar sich erhob, um die Plattform zu verlassen, zogen Ochsen große Karren mit aufgetürmten Bücherrollen heran. Zehn Karren waren es, die eine langsame Runde um die Plattform drehten.

„Was ist das?", fragte die Königin.

„Ein paar Bücher, Kyria", erwiderte der Autokrator. „Nur ein paar Bücher für die Bibliothek von Alexandria. Liebesromane, Lexika, Gedichte, philosophische Werke, medizinische. Alles, was sich Schriftsteller je ausgedacht haben. Nichts fehlt."

„Vierhunderttausend Rollen." Mardions Stimme überschlug sich. „Es sind zehn Wagenladungen."

„Aber wo konntest du sie – kaufen. Autokrator? Diese Masse
von Büchern?" Die Königin sah erstaunt aus – und das kam selten vor.

„Ich habe sie der Bibliothek von Pergamon entnommen. Kein
sehr großes Problem. Die Stadt Pergamon schenkt sie der Nea
Isis und dem Neos Dionysos zum großen Freudentag."

„Das zweitbeste Geschenk, das ich je erhalten habe. Danke, Autokrator." Sie sprach diese Worte laut aus, damit alle sie hören
konnten. Das Volk jubelte und klatschte.

„Was war denn das beste Geschenk?", fragte ich später Skellios.

„Natürlich der Königsthron, zu dem ihr Caesar verholfen hat",
sagte er. „Danach kommen die Perlenohrringe."

Und wieder einmal war ich sehr stolz auf unsere kluge und wissbegierige Königin.

„Kyrios, heute Abend bekommst du das teuerste Abendessen,
das je für dich angerichtet wurde", hörte ich Kleopatra zu Antonius sagen, als ich ihr den Mantel zurechtzupfte.

„Was wird es schon geben?", lästerte er. „Eine Vorspeise aus Pfauenzungen, Fisch, Pasteten. Mach es nicht zu kompliziert. Ich und meine Freunde sind Römer." Er lachte. „Du weißt ja, womit du mich glücklich machen kannst. Lass dir die Smaragdohrringe anstecken, die ich dir geschenkt habe. Ich bin etwas eifersüchtig auf die Perlen des göttlichen Caesar." Er wendete sich an Skellios. „Ist mein Bad fertig?"

Beim anschließenden Mahl waren die engsten Freunde des Autokrators eingeladen. Auch Herodes, der König von Judäa, war dabei, den Kleopatra nicht leiden konnte. Er war ein alter Freund des Autokrators. Die Kinder des Herrscherpaares saßen auf den Lehnen der Liegebetten.

„Es gibt eine Überraschung!", krähte Alexander. „Mama hat gesagt, heute gibt sie zehn Millionen Sesterze für das Abendessen von Pappas aus! Sie hat mit ihm gewettet."

„Pappas hat gesagt, das schafft sie nicht", sagte Selene.

Wie immer saß ich schweigend auf dem Boden neben dem Liegebett der Königin.

Der Schiedsrichter Munatius Plancus schaute gespannt auf die Schüsseln, die die Köche jetzt hereintrugen, und beobachtete, wie sie die Speisen vorlegten.

Philotas kostete vor. Nachdem er den ersten Bissen jeder Speise genommen und etwas gewartet hatte, griffen Kleopatra und Marcus Antonius zu, danach die Kinder und die Gäste.

„Pfauenzungen, Seebarben, Wildpastete, indische Soße und Lotusgemüse ... Nicht schlecht, Königin. Aber kein Essen für zehn

Millionen. Heute gewinne ich eine Wette", rief Marcus Antonius und griff zum Weinbecher.

Die Königin kniff mich in den Nacken, was sie nur tat, wenn sie guter Laune war.

„Danke", rief ich leise, erfreut über ihren Gunstbeweis.

Wieder trat der Küchenmeister ein und setzte vor der Königin und Marcus Antonius zwei gläserne Pokale für den Nachtisch ab.

„Eine Weincreme?" Der Autokrator hielt seine Hakennase über die Flüssigkeit.

„Die teuerste, die am Hof je verzehrt wurde", sagte Kleopatra. Sie zog den einen ihrer Ohrringe ab, löste die kostbare Perle aus der Aufhängung und versenkte sie in dem Gefäß vor ihr. Langsam löste sich die Perle in der sauren Flüssigkeit auf.

Ein Aufschrei ging durch den Saal.

Kleopatra warf Antonius einen Blick zu, dann schlürfte sie den Perlenwein restlos leer.

„Und jetzt du, Autokrator!" rief sie mit blitzenden Augen und löste den anderen Ohrring.

„Nein, nein!", schrie der Schiedsrichter Munatius. „Nicht auch noch die zweite Perle. Du hast gewonnen, Königin."

„Heiliger Hund", fluchte Skellios. „Was hat sie da wieder getan, unsere Königin!"

„Sie wollte dem Autokrator zeigen, wie sehr sie ihn liebt", sagte ich.

„Merk dir – die Königin tut nie etwas aus nur einem Grund. Sie hat meistens zwei oder drei Gründe, wenn sie handelt."

„Ah ja", sagte ich.

„Es sind römische Perlen – und auf die kann sie jetzt verzichten."

„Glaubst du wirklich?"

„Es war ihr kostbarster Schmuck. Jetzt muss auch Antonius etwas Großartiges tun. Er wird den Scheidebrief an seine römische Frau Octavia* abschicken und somit nur noch Kleopatras Ehemann sein."

„Aber er hat doch immer gesagt, er will mit Octavia verheiratet bleiben."

„Warte ab. Sehr bald wird er den Wunsch der Königin erfüllen."

Marcus Antonius – der zweite Mann an Kleopatras Seite

Marcus Antonius (geb. ca. 83 v. Chr.) war der älteste Sohn einer Cousine Julius Caesars. Auf diese Herkunft war er stolz. Sein Großvater war sogar Konsul gewesen.
Der junge Marcus half dem Statthalter von Syrien, Kleopatras Vater Ptolemaios XII. wieder auf den Thron in Alexandria zurückzubringen – seine erste militärische Ruhmestat. Zweifellos lernte er schon damals die 15-jährige Kleopatra kennen.
Marcus Antonius war der treuste von Caesars Gefolgsleuten und machte sich Hoffnungen, von ihm adoptiert zu werden. In der Abwesenheit des Diktators hielt er die Stellung in Rom als Präfekt der Reiterei, dem zweithöchsten Amt nach dem Diktator.
Bei Caesars Tod, im März 44 v. Chr., war er Konsul. Im Oktober 43 v. Chr. schlossen Marcus Antonius, Octavian und ein weiterer Gefolgsmann Caesars, Marcus Aemilius Lepidus, ein Dreierbündnis (Triumvirat*), das ihnen die Macht im Staat gegen den Senat und die Mörder Caesars sichern sollte.
Unmittelbar nach dem Tod seiner Frau Fulvia*, im Jahr 40 v. Chr., heiratete Marcus Antonius Octavians Schwester

Münzbildnis des Marcus Antonius

Octavia. Doch weder diese Ehe noch das Bündnis konnten verhindern, dass es zu einem Machtkampf zwischen Antonius und Octavian kam.

Eigentlich war Marcus Antonius in Rom beliebt. Doch es kam dort nicht gut an, dass er neben seiner römischen Ehe mit Octavia auch mit Kleopatra liiert war und an ihrer Seite teils wie ein Grieche, teils wie ein König des Ostens lebte. Allein die Tatsache, dass er in Ägypten griechische Kleidung trug, war ein Argument gegen ihn.

Octavian versuchte Schritt für Schritt, Marcus Antonius auszuschalten. Gegen Recht und Gesetz las er im Jahr 32 v. Chr. das im Vestatempel aufbewahrte Testament des Antonius und verkündete den Römern, Antonius wolle in Alexandria beerdigt werden, habe Kaisaríon als Sohn Caesars anerkannt und römische Provinzen an Kleopatras Kinder verschenkt. Darüber war man in Rom beleidigt. Man fürchtete, Antonius werde bald Alexandria zur Hauptstadt des Imperium Romanum machen. Schon jetzt zeichnete sich ab, dass Octavian im Westen und Marcus Antonius im Osten, auf einen Entscheidungskampf zusteuerten (s. Karte S. 18).

Kleopatra sprach Marcus Antonius als „Kyrios" (Herr) und „Autokrator" (Imperator) an. Er war Repräsentant der römischen Weltmacht und von ihm hing ihr Königtum ab, denn sie war eine Klientelkönigin Roms. Insofern konnte er sie zur „Königin der Könige" ernennen und ihren Kindern neue Herrschaftsgebiete zuteilen.

Neunter Bericht: Die Seeschlacht von Actium

Die Nachricht über die Königstitel für die Kinder Kleopatras war in Rom nicht gut aufgenommen worden. Dort freute sich auch niemand über die Landgewinne unserer Königin. Octavian und Antonius waren Feinde geworden. Octavian hatte Kleopatra in Rom zum Staatsfeind erklärt.

Und Skellios behielt recht. Einige Monate nachdem Kleopatra ihren kostbaren Ohrring getrunken hatte, schickte Antonius tatsächlich den Scheidebrief an seine römische Frau Octavia, die Schwester Octavians.

Jetzt muss ich die bitteren Tage beschreiben, an denen ich um die Mittagszeit keinen Weizenbrei mehr bekam und abends nur Wasser und hartes Brot.

Es war September geworden. Seit Monaten war ich an der Seite der Königin nun schon in Griechenland, wo sie sich mit Antonius zum Kampf gegen Octavian und seinen Admiral Agrippa rüstete. Den Winter hatten wir im Hauptquartier von Patrai verbracht. Alles war hier unbequemer und enger als im Palast von Alexandria.

Hunderte Kriegsschiffe manövrierten vor uns in der Bucht. Die meisten Tage verbrachten Kleopatra und Antonius auf ihren Schiffen. Das Admiralsschiff der Königin, die „Antonias", war neben dem des Antonius, der „Dionysias", das größte der Flotte. Die Schiffe erhoben sich wie Burgen über das Wasser, jedes mit mehreren hohen Türmen, auf denen Bogenschützen und Geschütze postiert waren.

Es war Mittagszeit. Wie immer nahm ich der Königin den Mantel von den Schultern, als sie sich zum Essen neben den Autokrator auf das Ruhebett legte. Ein kleiner Tisch mit köstlichen Leckereien wurde von Sklaven hereingetragen. Die beiden griffen zu.

Erwartungsvoll ließen Philotas, Skellios und ich uns auf unserer Bank nieder.

„Wo bleibt das Essen für uns?", rief Philotas schließlich einem Küchendiener zu, der mit frischem Wein für das Herrscherpaar vorbeieilte.

Er beugte sich zu uns und flüsterte: „Es gibt für die Bedienten kein Mittagessen mehr. Wir haben nicht genug Lebensmittel. Octavian und Agrippa haben wieder Versorgungsschiffe abgefangen."

„Aber!", rief ich empört. Und wie immer, wenn ich „aber" sagte, half es gar nichts. „Was soll ich denn essen?"

„Warte bis zum Abend", sagte Skellios leise. „Lass dir bei der Königin ja nichts anmerken. Schlechte Laune zeigt man nicht."

Die Königin war mit dem Essen fertig. Sie hatte kaum etwas zu sich genommen. Der Autokrator hatte ebenfalls nur wenig Appetit gehabt und ging zum Konferenzzimmer hinüber, wo die anderen Truppenführer sich gerade versammelten.

„Heute brauche ich deine Hilfe, Syris drei", flüsterte Kleopatra.
„Komm mit." Leise folgten wir dem Autokrator, der uns nicht
bemerkte.

„Dahinein." Die Königin schob mich zwischen die Bretter vor
der Bordwand. „Nimm das. Du wirst nicht wissen, was es ist.
Es ist ein Lauschrohr."

Ich lief rot an wie ein Hahnenkamm und nahm das metallene
Rohr entgegen.

„Aber –", stieß ich hervor.

„Wenn der Kriegsrat getagt hat, berichtest du mir, was die Männer gesagt haben. Achte auf die Worte von Domitius[*] und Canidius[*]!"

In meinem Versteck war es eng. Während ich mich zusammenkauerte, betraten die letzten Tribunen bereits den Raum. Durch einen Ritz zwischen den Brettern überschaute ich das Besprechungszimmer. Ich wagte kaum zu atmen, solche Angst hatte ich, jemand könnte mich entdecken. Domitius, der dicke alte Konsul, saß vorgebeugt auf einem Schemel und atmete schwer. Der hagere Canidius stand hinter ihm. Er hatte den Oberbefehl über die Legionen an Land. Sosius, der Oberbefehlshaber der Flotte, lehnte neben der Tür. Der klein gewachsene Tribun Publicola mit seinem verkniffenen Gesicht hielt einen Plan hoch mit der Aufstellung der beiden Flotten und der Landtruppen. Außerdem waren die Ausländer da, der König von Kommagene, der König der Thraker, der König von Kappadokien und der dunkelhäutige Afrikanerkönig Bocchus.

„Sollen alle meine Bogenschützen auf die Schiffe?", fragte Bocchus.

„Ja, alle", sagte Antonius. Suchend blickte er in die Runde. „Wo bleibt eigentlich Amyntas? Lasst uns auf ihn warten."

Sosius räusperte sich. „Er kommt nicht. Er ist mit der gesamten Reiterei zu Octavian übergewechselt. Heute Morgen in aller Frühe."

Antonius wurde blass und griff sich an die Brust. Alle Anwesenden senkten den Blick zu Boden.

„Schick die Königin nach Ägypten zurück", keuchte Domitius.

„Ja, tu das", sagte ein anderer römischer Befehlshaber. „Die Truppen ertragen keine Frau als Oberbefehlshaberin."

„Aber wie sieht das vor der ägyptischen Flotte aus? Die 400
Schiffe stehen unter dem Kommando der Königin." Antonius'
Faust donnerte auf die Tischplatte. „Sie bezahlt die Flotte!"
„Sie bezahlt auch die Landtruppen", stimmte Canidius ihm zu.
„Die Soldaten hungern. Aber die Königin füttert ihre zahmen
Löwen zweimal am Tag. Schick sie nach Ägypten zurück." Das
war wieder Domitius.
„Eine Frau im Kriegsrat römischer Imperatoren hat es noch nie
gegeben", sagte Sosius mit schleppender Stimme.
„Dann ist es jetzt eben so weit", sagte Antonius. „Einmal fängt
alles an."
„Sie ist eine kluge Frau. Sie regiert ihr Land seit beinahe 20 Jah-
ren." Das war wieder Canidius.
„Sie hat dich bestochen. Deswegen redest du zu ihren Guns-
ten", begann Domitius.
„Und dein Sohn ist mit Octavias Tochter verlobt. Du stehst auf
der Seite Octavians", erwiderte Canidius.

„Was wäre denn anders, wenn Kleopatra nach Alexandria zurücksegelt?", fragte Antonius.

„Frieden wäre möglich." Domitius' Gesicht lief rot an. „Die Aussöhnung zwischen Octavian und dir."

„Zu spät. Unsere Truppen sind aufmarschiert. Die Schiffe stehen bereit. Jetzt geht es nur noch darum, den Knaben zu besiegen."

„Nenn Octavian nicht ‚den Knaben'", rief Domitius. „Niemals darf man einen Gegner unterschätzen."

„Sprich nie wieder davon, die Königin aus dem Kriegsrat zu entfernen." Antonius beugte sich drohend seinem Freund entgegen. „Mein letztes Wort in dieser Sache." Die Faust donnerte erneut auf den Tisch.

„Ich sehe großes Unglück auf uns zukommen", japste Domitius. „Es wird nicht leicht werden. Deine Soldaten bezahlen mit ihrem Leben für deine Eitelkeit, Antonius."

„Überleg dir, auf wessen Seite du stehst. Ich habe dich für meinen Freund gehalten. Meinetwegen hast du als Konsul mit den Senatoren Rom verlassen." Bei diesen Worten lief auch Antonius' Gesicht rot an.

„Ich stehe auf der Seite des römischen Volkes. Du hast nicht gesehen, wie verwüstet Italien ist. Du warst lange nicht mehr dort."

„Was willst du eigentlich, Domitius? Du hast Fieber."

„Ich rate zum Frieden. Einige dich mit Octavian, egal wie."

„Der Frieden, den Octavian will, ist ungerecht."

„Ein ungerechter Frieden ist besser als ein gerechter Krieg gegen Mitbürger."

„Ein Sieg ist das Beste! Wir werden siegen, Domitius."

Domitius schwieg. Er konnte sich kaum noch auf den Beinen halten. Sein Sekretär führte ihn aus dem Raum. Antonius' Unterlippe bebte vor Zorn über die Worte seines Freundes.

Für mich war das, was ich gehört hatte, zu viel. Wie konnten diese Männer glauben, unsere Königin verstände nichts vom Krieg! Ein schrecklicher Gedanke kam mir. War es vielleicht zu gefährlich für eine Frau hierzubleiben?

Die Truppenführer hatten den Konferenzraum alle verlassen. Ich wagte mich aber noch nicht aus meinem Versteck hervor und kritzelte Notizen für Demon auf ein Stück Papyrus, rollte es zusammen und band es mit feinem Purpurfaden zu. Plötzlich trat ein Mann ein, schritt schnell zu den Karten und suchte dort etwas.

„Aber!", rief ich. Es war Demon! Er nahm den Plan für die Aufstellung der Schiffe, steckte ihn in seinen Gürtel und begann zu pfeifen.

Ich krabbelte aus meinem Versteck. „Ach, da bist du ja, Mäntelchen." Er verneigte sich spöttisch und nahm mir die Rolle aus der Hand. „Immer zuverlässig, Syris drei. Ich muss dich verlassen, lebe wohl."

Diesmal rannte ich hinter ihm her, um zu sehen, wo er hinwollte. Der Konsul mit dem roten Gesicht stand schwer atmend auf dem Deck. Sein Sekretär stützte ihn.

Ich traute meinen Augen nicht. Demon überreichte Domitius den Mili-
tärplan und die Rolle, die er gerade von mir bekommen hatte.
„Dahinunter", hörte ich den Sekretär sagen. Er stützte den Konsul, der sich langsam eine Leiter an der Bordwand hinabarbei-
tete und schwerfällig in das Boot sank. Sein Sekretär sprang
hinter ihm auf, griff zu den Rudern und schon entfernte sich
das Boot von der „Antonias" hinüber zu den Schiffen Octavians!
Diesmal packte mich der Zorn, auf mich selbst, auf Demon
und auf Domitius. Wir waren alle Verräter!
„Halt!", rief ich mit schwacher Stimme. Dass Domitius zu Octavian überlief, konnte nicht gut sein für meine Herrin. Niemand
hörte mich. Doch plötzlich löste sich mein Zorn auf. Ich wusste:
Das ist der Preis. Ich musste weiter Berichte abgeben. Selbst
wenn sie direkt zum Feind meiner Königin gingen. Nur so würde ich irgendwann frei sein. Umsonst ist nur der Tod.

„Da fährt Domitius", sagte Philotas und deutete auf das kleine Schiff, das gegen die Wellen ankämpfte. „Dieser Verräter war Antonius' guter Freund."

Beunruhigt sah ich meinen guten Freund an.

„Die Größe und Stärke unserer Truppen sind unser Schwachpunkt", fuhr er leise fort. „Agrippa hat uns eingeschlossen. Die Schiffe mit dem Nachschub kommen nicht mehr zu uns durch. Deswegen gibt es fast nichts mehr zu essen."

„Aber wir werden Octavians Truppen mit unseren Zweihunderttausend besiegen", widersprach ich.

„So viele Kämpfer haben wir längst nicht mehr. Tausende sind am Sumpffieber, am Durchfall und an ihren Wunden gestorben. Die Verbliebenen hungern." Philotas gab ein komisches Geräusch von sich. Er schnäuzte sich. Er weinte.

Plötzlich stand die Königin neben mir.

„Was hast du gehört? Ich will alles wissen."

Stotternd berichtete ich, was ich verstanden hatte.

„Domitius hat gesagt, deine Anwesenheit verhindert den Frieden zwischen Octavian und Marcus Antonius."

Sie schlug sofort zu und ich brach in Tränen aus. Links und rechts ohrfeigte sie mich.

„Vielen Dank, Kyria", schnaufte ich, als sie fertig war. So verlangte es die Hofetikette.

„Alle verraten sie mich", sagte Kleopatra.

„Ich verrate dich niemals. Du bist meine Herrin und die Göttin Isis." Während ich es sagte, wusste ich, dass ich log. Zugleich liebte ich sie, weil sie so klug und mächtig war und ich ihr dienen durfte. Und jetzt hatte sie mich sogar geohrfeigt. Welch eine Ehre!

„Nimm das", sagte sie unwirsch und reichte mir einen Ring mit einem glitzernden Smaragd. Er leuchtete heller als das Meer und in ihn eingeschnitten war das Bildnis der Königin.

Ich warf mich vor ihr nieder und zog ihn an.

Drei Tage lang tobte ein Sturm und verhinderte die Seeschlacht zwischen den beiden Flotten. Endlich war es so weit. Wieder einmal zog ich den Purpurmantel über die Schultern der Königin. Kleopatra erhob sich und schritt voran, um sich auf dem Oberdeck der „Antonias" zu zeigen. Ich musste husten. Rauch stieg vom Ufer auf und wehte zu uns hinüber. Am Strand stapelten Soldaten die ägyptischen Schiffe übereinander, die wegen fehlender Besatzung zurückbleiben mussten, und zündeten sie an.

Marcus Antonius war von seinem Schiff zu uns herübergekommen.

„Kyrios Autokrator, wie wird die Schlacht entschieden?", fragte die Königin und lächelte ihn an.

„Schneller, als du glaubst, Königin", erwiderte er. „Unsere Schiffe sind Kolosse. Die Liburnen von Agrippa und Octavian sind unverschämte Zwerge." Sein Gesicht blieb ernst. „Kein langer Kampf. Wir segeln an ihnen vorbei, sowie wir die offene See und damit den Wind erreicht haben."

15 **Liburne** – *niedrig gebautes Kampfschiff mit zwei Rudererreihen, Mast und Rammsporn*

Und es war wirklich so. Wir hatten keine Angst. Mochten die Soldaten auch geschwächt sein. Unsere Schiffe waren unbesiegbare Festungen aus schweren Balken, mit Eisen befestigt.

„Meine Schiffe warten im Hintergrund, bis der Weg für sie frei ist", entschied die Königin.

„Genau so. Wenn der Wind aufkommt, um die Mittagszeit, ist die Sache sehr schnell entschieden." Die Stimme von Antonius klang brüchig und er wandte sich ab, um das Kommando der „Dionysias" zu übernehmen.

„Ich bin Isis", rief Kleopatra und alle hörten ihre Worte. „Habt keine Angst. Ich beschütze euch!"

Die Schiffe des Antonius lagen jetzt vor uns am Ausgang der Bucht. Munition, Steine, Wurfgeschosse waren auf jedem von ihnen genug vorhanden. Es haperte an Besatzung. Unsere Soldaten hatten in den letzten Wochen im griechischen Hinterland Bauernjungen eingefangen und an die Ruder gezwungen. Doch sie waren keine Seeleute und manövrierten die Schiffe schlecht. Philotas saß auf der Reling vor uns und spähte nach vorn.

Nichts geschah. Die schwarze Wand aus Antonius' Schiffen bewegte sich nicht. Philotas war auf das Dach des Oberdecks geklettert, um besser zu sehen.

„Octavians Schiffe greifen nicht an!", rief er uns zu.

„Weil sie Feiglinge sind." Die Königin unterbrach ihr Gebet. Niemand sprach mehr. Bewegungslos starrten wir auf die Wand. Philotas lief über uns hin und her.

„Die Schiffe Octavians liegen etwa acht Stadien entfernt", berichtete er. „Nichts rührt sich."

Die Sonne brannte gnadenlos auf uns herab. Es war jetzt Mittag und plötzlich kam Wind auf.

„Bleibt da!", schrie die Königin auf. Doch es war zu spät. Die Front der schwarzen Kolosse brach auf, der Wind trieb sie unkontrolliert auseinander. Der linke Flügel bewegte sich Schiff für Schiff langsam nach Norden. Aus der Mauer im Meer waren einzelne Schiffe geworden, die jedes für sich über die Wellen zu taumeln schienen. Und jetzt sahen wir die kleinen Schiffe der Feinde. Wie Wespen stürzten sie sich auf die einzelnen Riesenschiffe, über denen plötzlich Rauch aufstieg. Türme brachen herunter und fielen ins Meer. Männer flogen über Bord.

Die Königin hob die Hand. Trompetenstöße erschollen. Schnell zogen die Seeleute auf den ägyptischen Schiffen die Segel auf

16 Stadie – *griechisches Längenmaß (600 Fuß), eine Stadie entsprach etwa 165 bis 196 m.*

und die 40 Schiffe Kleopatras rauschten nach vorn. Ich verstand nicht, was der Sinn dieser Maßnahme war. In breiter Front segelte das Geschwader der Ägypter westwärts zur offenen See. Windschnell glitten wir an den brennenden Schlachtschiffen vorbei. Philotas hielt mich umarmt. Wir taten nichts, um sie zu retten.

„Aber", begann ich. „Sie lässt Marcus Antonius im Stich."

„Sieh nicht hin, Mäntelchen", murmelte er. „Sie rettet uns und sich selbst, mehr ist nicht möglich."

Ich sah trotzdem alles: die kämpfenden Männer, die an Bord der großen Schiffe kletterten, die brennenden Männer, die schreiend ins Wasser sprangen, die Planken im Wasser, treibende Helme, zersplitterte Lanzen, das Blut an der Bordwand.

Dann war schon alles vorbei.

„Sind wir gerettet? Haben wir gesiegt?", fragte ich Philotas.

„Nein, jetzt fängt der Schrecken erst an.", sagte er.

„Welcher Schrecken?"

„Der Schrecken des Krieges", erwiderte er.

Octavians Krieg gegen Kleopatra und die Schlacht von Actium

In Rom wendete sich die Stimmung gegen Marcus Antonius, angeheizt durch Halbwahrheiten und Gerüchte über seine Beziehung zur Königin Ägyptens. Gewiss, er hatte im Jahr 34 v. Chr. die Provinzen Syrien und Kleinasien, Medien, Armenien und Kyrene an die Kinder Kleopatras verschenkt. Aber auch Pompeius und Caesar hatten zu ihrer Zeit Gebiete an Klientelkönige vergeben.

Im Februar des Jahres 32 v. Chr. flüchteten die Konsuln Sosius und Domitius Ahenobarbus mit einem Drittel der Senatoren aus Rom zu Antonius nach Ephesus. Antonius' Anhänger fürchteten um ihr Leben. Wenig später erklärte Octavian Kleopatra offiziell den Krieg. Daraufhin schickte Antonius den Scheidebrief an seine in Rom sehr beliebte Frau Octavia. Jetzt kehrte sich die Stimmung weiter gegen Antonius und Kleopatra. Munatius Plancus und Titius, enge Vertraute des Antonius liefen zu Octavian über und verrieten alles, was sie wussten.

Beide Gegner sammelten ihre Truppen und Flottenverbände. Im Sommer des Jahres 32 v. Chr. lagen 500 Schiffe im Hafen von Ephesus, wo auch die Truppen der Verbündeten von Antonius und Kleopatra aufmarschiert waren. 150.000 Mann setzten mit Proviant und Ausrüstung nach Griechenland über. Kleopatra und Antonius verlegten ihr Hauptquartier nach Athen. Mit ihren überlegenen Kräften bauten sie eine Drohkulisse auf.

Zu Beginn des Jahres 31 v. Chr. setzten Octavian und Agrippa ihre Truppen überraschend früh aus Italien nach Griechenland über, griffen sofort an und gewannen Stützpunkte des Antonius. Sie blockierten die Versorgungswege und schlossen Truppen und Schiffe des Gegners schließlich im Zangengriff ein, ohne sich auf eine Schlacht einzulassen. Diese Taktik ging auf. Im September waren die Truppen des Antonius an Malaria erkrankt und ausgehungert. Die Verluste waren so groß, dass die Schiffe nicht mehr genug Besatzung hatten. Antonius musste einen Teil seiner Schiffe verbrennen.

Schließlich entschloss man sich im Kriegsrat des Antonius zu einer Art Durchbruchschlacht und einer Flucht nach Ägypten, um den Rest der Truppe und die Kriegskasse der ägyptischen Königin in Sicherheit zu bringen.

Das gelang auch – ein Drittel der Flotte wurde gerettet.

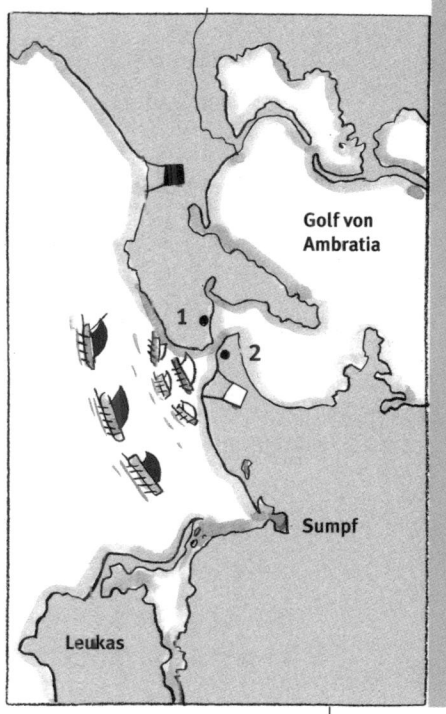

Golf von Ambratia

Sumpf

Leukas

1 Angriffslager des Antonius
2 Actium
☐ Antonius Lager
■ Octavians Lager
 Flotte des Antonius
Flotte des Octavian

Die Schlacht von Actium am 2. September 31 v. Chr.

Zehnter Bericht: Das Ende des Spiels – der Sieger bekommt Ägypten

Wir waren jetzt viele Stadien entfernt vom Ort, an dem die verkohlten Planken und die Leichen im Wasser trieben. Die Sonne schien und der Wind wehte. Die Königin hatte sich mit Iras und Charmion zurückgezogen. Der Matrose hoch oben im Mastkorb rief immer wieder hinunter: „Der Autokrator ist nicht zu sehen!"

Mit watschelnden Schritten begab sich Mardion vor die Tür des königlichen Schlafgemachs, als hätte er eine bedeutende Neuigkeit.

„Was meinst du? Wird er kommen?", fragte ich Iras, die von Zeit zu Zeit auftauchte, um sich nach Neuigkeiten zu erkundigen. Ihre Augen waren verweint.

„Die Königin ist davon überzeugt. Aber ich – habe so meine Zweifel."

Doch diesmal behielt Kleopatra recht. Noch vor Sonnenuntergang erreichte ein schnelles Schiff mit fünf Ruderreihen das unsrige und gab ein Rauchsignal.

Die Königin erteilte sofort Befehl anzuhalten. Auf dem Admiralsschiff wurden die Ruder eingehalten.

Wenig später stieg Antonius, begleitet nur von Skellios, die Bordwand hoch. Mit gesenktem Kopf ging er an allen, die ihn erwarteten, grußlos vorbei. Skellios blieb zurück und beant-

wortete unsere Fragen, während der
römische Feldherr mit schwerem
Schritt zum Vorderdeck ging. Still-
schweigend setzte er sich dort nieder und stützte den Kopf in beide
Hände.

Drei Tage und drei Nächte blieb
er in dieser Haltung sitzen. Keiner
wagte, sich ihm zu nähern. Nur Skellios ging manchmal mit
einem Krug Wein und einer Schüssel Suppe zu ihm, flößte ihm
ein paar Löffel ein und zwang ihn, etwas zu trinken.

„Warum spricht er nicht mit der Königin?", fragte ich Skellios.
„Ich glaube nicht, dass sie ihm böse ist."

„Er schämt sich vor ihr. Oder er ist zornig auf sie. Heiliger Hund,
was weiß ich. Seine besten Freunde haben ihn verraten."

„Ach Skellios, hoffentlich wird wieder alles gut."

„Mäntelchen, es ist sehr ernst", sagte er. „Die Seeschlacht gegen Octavian ist verloren. Die ägyptischen Götter haben sich
von Kleopatra und Antonius abgewendet."

Über das offene Meer segelten wir wieder zum griechischen
Festland. Als wir die Spitze des Peloponnes erreicht hatten,
sprang der Autokrator plötzlich auf und brüllte, es solle am
Hafen von Tainaron angelegt werden.

Jeder an Bord war froh, dass der Gemahl der Königin wieder
Befehle gab. Iras und Charmion tuschelten miteinander, dann
gingen sie schnell auf ihn zu.

Sie sprachen auf ihn ein und Marcus Antonius machte abwehrende Handbewegungen. Doch dann nahmen sie ihn in die Mitte und brachten ihn hinunter zu Kleopatra. Wieder schlug die vergoldete Holztür zu.

„Den Göttern sei Dank, Mäntelchen, sie sprechen wieder miteinander", sagte Skellios. „Auch noch ein Streit zwischen den beiden – das wäre zu viel gewesen."

In Tainaron blieben wir einige Tage. Dort trafen mehrere Frachtschiffe mit Freunden des Königspaars und Befehlshabern ein. Inzwischen aßen Kleopatra und Marcus Antonius wieder gemeinsam zu Abend und bewohnten gemeinsam die königlichen Zimmer. Endlich forderte Skellios mich auch auf, vor dem Abendessen der Königin den Purpurmantel anzulegen.

„Sie regiert wieder", murmelte ich.

„Du wirst sehen – ihr fällt etwas ein. Sie ist klug und listig", sagte Skellios.

Im Speisesaal des Ratsgebäudes von Tainaron lagen Antonius und die Königin auf einem goldenen Speisesofa. Kleopatra trug ihr Isisgewand und ich beeilte mich, den Purpurmantel über ihre Schultern auszubreiten. Dann kauerte ich mich neben ihr nieder. Philotas und Olympos, die königlichen Ärzte, saßen in einer Ecke des Raums und sprachen leise miteinander.

„Die Legionen auf dem Land!", brüllte Antonius. „Sie müssen nach Makedonien marschieren. Canidius muss –" Stöhnend und schluchzend schob er den Teller von sich, den ihm ein Diener hingestellt hatte.

Ein Bote flüsterte mit ihm.

„Nein!", schrie Antonius. „Nein."

Philotas ging zu ihm und kühlte ihm die Stirn.

„Antonius hat seine Legionen an Land verloren. Sie haben sieben Tage auf ihn gewartet. Dann sind sie zu Octavian übergelaufen", berichtete er mir hinterher. „Was hätten sie auch tun sollen? Sie fühlten sich von ihrem Feldherrn im Stich gelassen."

„Aber – was bedeutet das für uns? Ägypten ist doch sicher. So schlimm kann es ja nicht sein, dass die Schlacht verloren wurde." Meine Stimme bebte.

„Die Folgen sind das Schlimme. Marcus Antonius hat seine Legionen verloren. Die Verbündeten sind von ihm abgefallen. Der ganze Osten des Römerreichs hat sich auf die Seite Octavians gestellt."

Jetzt verstand ich.

„Wie das Ende eines Brettspiels. Der Sieger holt sich Ägypten", sagte ich und legte den Kopf an Philotas' Brust, damit er meine Tränen nicht sah.

Ein paar Perlen am Saum des Mantels hatten sich gelockert. Ich war gerade dabei, sie mit seidenen Fäden zu befestigen, als Iras in meine Kammer trat.

„Komm sofort mit dem Mantel zur Königin", befahl sie.

Ich biss den Faden ab, legte die Nadel zurück in den Kasten und hastete mit dem Mantel hinter Iras her. Der Plankenboden unter mir schlingerte, ich hatte Mühe, nicht zu fallen.

Umgeben von den Wedelträgern saß die Königin aufrecht da,

sie trug das Isisgewand. Ihr Gesicht war blasser als sonst. Aus großen Augen schaute sie mir entgegen und erhob sich. Ich warf mich ihr zu Füßen, dann stand ich auf und ließ den Mantel über ihre Schultern gleiten. Der Autokrator war ein paar Schritte neben ihr, tiefe Ringe unter den Augen.

„Würdenträger und Hofbeamte, nehmt zur Kenntnis: Wir fahren nach Alexandria, um den Sieg der ägyptischen Flotte über die Römer zu feiern. Genestho!"

Sofort setzten Musik und Gesang ein.

„Große Königin, Mutter Isis, wir danken dir für diesen Sieg! Unvergesslich sind deine Taten! Unermesslich ist deine Weisheit! Große Göttin, wir danken dir!"

Mardion sang am lautesten und fuchtelte dabei mit den Armen vor Aufregung.

„Habt keine Angst", verkündete Kleopatra, als wieder Stille eingetreten war. „Nea Isis ist unter euch. Sie beschützt euch."

„Ein Sieg für Ägypten", rief Skellios, mit dem ich hinausging. Draußen tobte der Morgenwind. Die Wellen schlugen gegen die Bordwand der Antonias. Was ging hier vor sich?

Ungläubig sah ich Skellios an. Er nickte mir zu – ich musste in den Jubel einstimmen!

„Ja, ein gewaltiger Sieg!", rief schließlich auch ich.

Wir hielten uns an den Händen und wagten nicht, uns anzusehen, so nahe waren wir den Tränen.

Von diesem Tag an sprach niemand an Bord mehr das Wort „Niederlage" aus.

---

17 Genestho – *griechisch „So soll es sein."*

Warum sich Kleopatras und Marcus Antonius' Verbündete gegen sie wandten

So beliebt Marcus Antonius auch bei den von ihm einge-setzten Klientelkönigen war, vor und nach der Schlacht von Actium versuchten diese, sich rechtzeitig auf die Seite des „richtigen" Mannes zu stellen. Ihre Loyalität zu Rom zeigten sie, indem sie die Seite wechselten. Die Götter hatten sich für alle erkennbar von Marcus Antonius abge-wendet. Eine verlorene Sache wollte niemand unterstützen. So unüberwindlich die Streitkräfte des Ostens noch in Ephesus erschienen waren, im Laufe des Jahres 31 v. Chr. brach die weit gezogene Front Stück für Stück zusammen. Einzelne Gefechte wurden verloren, Schiffe gekapert, die Versorgungslinien abgeschnitten, Hunger und Krankhei-ten schwächten die Reihen der Kämpfer. Bei Actium hatte Octavian das bessere Lager im Norden, das des Antonius lag im Sumpfgebiet.

Kleopatra versuchte, ein neues Bündnis in Syrien und Klein-asien zu mobilisieren. Doch die Front der befreundeten Klientelkönige brach wie ein Kartenhaus zusammen. Selbst König Herodes ging auf Distanz. Persönliche Freundschaft war kein Grund, die eigene Haut und den Thron zu riskieren.

Der Gegner Octavian

Nach Caesars Tod nannten sich zwei „Söhne" ebenfalls „Caesar": Kleopatras Sohn Ptolemaios Caesar (Kaisaríon) –

Statue des Octavian

leibliches Kind, Sohn einer Königin, aber „Ausländer", und der Großneffe Caesars, Gaius Octavius – ein Enkel von Caesars Schwester, offiziell adoptiert und ein echter Römer, Octavian. Er übernahm die Erbschaft des Onkels mit allen Vor- und Nachteilen. Hauptauftrag war zunächst, die Ermordung des Adoptivvaters zu rächen und die Mörder zu bestrafen. Genauso wichtig: Er musste die Geschenke Caesars an das Volk in Rom und an die Soldaten der Legionen auszahlen, das waren riesige Summen.

Mit Marcus Antonius schloss Octavian zwei Bündnisse, das erste und das zweite Triumvirat. Nachdem Marcus Antonius sich bereits mit Kleopatra verbunden hatte, stiftete Octavian die Ehe zwischen Antonius und seiner Schwester Octavia im Jahr 40 v. Chr.

Doch die Schwager entzweiten sich und Antonius kehrte in sein östliches Reich zurück. Hier unterstützte ihn die ägyptische Königin mit Truppen, Schiffen und Geld für seine Feldzüge. Umgekehrt beschützte er sie und ihre Kinder. Die beiden Feldherrn ließen öffentlich Schmähungen gegeneinander verbreiten. Octavian hetzte gegen den in Rom beliebten Antonius mit dem Schreckensbild der ägyptischen Königin, die Antonius mit Zaubertränken seines Verstandes beraubt habe und eine Schlampe sei, die ständig betrunken und herrschsüchtig wäre.

Im Herbst 32 v. Chr. erklärte Octavian Kleopatra – nicht Antonius – offiziell den Krieg. Durch diesen Trick war es kein Bürgerkrieg, sondern ein Krieg gegen das Ptolemäerreich.

Elfter Bericht: Umkämpftes Alexandria, ein Festmahl und der Schlangenmann

Mit Gesang und Jubel fuhr unser Schiff wenige Wochen später in den Hafen von Alexandria ein. Mit ausgebreiteten Armen stand die Königin im Purpurmantel erhöht auf dem Bug – Nea Isis war als Siegerin in ihr Reich zurückgekehrt. Die königliche Göttin lächelte ihrem Volk entgegen. Ich traute meinen Augen nicht, als die Matrosen den Anker warfen. Die ganze Stadt bebte unter dem Trommeln und dem Gesang der feiernden Bevölkerung. Die Priester standen mit gebeugten Häuptern zur Begrüßung am Kai. Kaisarion, Alexander, Selene und Philadelphos traten auf ihre Mutter zu und überreichten ihr Blütenkränze. Wussten sie wirklich nichts von der Katastrophe bei Actium? Von den 500 Schiffen der stolzen Flotte Ägyptens waren nur die 40 Kleopatras zurückgekehrt. Hatten die Menschen in Alexandria das Zählen verlernt?

Kaisarion, der nun mit 16 Jahren schon ein junger Mann war, warf seiner Mutter einen langen Blick zu. Bestimmt hatte er mehr erfahren als die meisten.

Das Jahr, das auf unsere Rückkehr nach Alexandria und die schreckliche Schlacht von Actium folgte, war geprägt von den Schrecken des Krieges, so wie es mir Philotas prophezeit hatte. Vor allem aber feierten die Königin und der Autokrator aus-

gelassene Feste mit ihren Freunden. Die Königin sammelte in den Tempeln Geld für eine neue Flotte, die sie am Arabischen Golf baute. Doch die Flotte ging in Flammen auf, bevor sie zum Einsatz kam. Der Statthalter von Syrien ließ sie verbrennen, ehe er zu Octavian überging. Danach war der Weg für Octavian frei. Die Stadt Alexandria fiel nach kurzer Verteidigung in die Hände der Truppen Octavians und Agrippas.

Der Autokrator hatte sich in sein Schwert gestürzt und war in den Armen Kleopatras gestorben. Seit diesem Tag wurde im Palast nur noch geweint und geseufzt. Die Königin stand unter strenger Bewachung durch Octavians Soldaten. Sie hatte ein langes Gespräch mit Octavian geführt und danach noch mehr geweint. Kaisarion war mit seinem Erzieher in den Süden Ägyptens geflohen. In Alexandria wäre er vor den Häschern des Octavian nicht sicher gewesen. Immerhin war er der wahre Sohn Caesars.

Zum letzten Mal begegnete ich Demon, dem Schlangenmann, am 10. August des Jahres, das als das erste der neuen Ära des Kaisers Augustus, wie sich Octavian später nannte, in Ägypten gerechnet wird. Kleopatra hatte schon seit Tagen nicht mehr nach dem Purpurmantel verlangt. Das war neu für mich. Während ich untätig durch die Gänge trödelte, bekam ich Angst, dass meine Herrin womöglich nie wieder nach ihm verlangen würde. Was sollte dann aus mir werden?

Wie immer wenn ich traurig war, überkam mich großer Hunger. In den Küchengewölben ging es so geschäftig zu wie immer, als lebte der Autokrator noch und Gäste aus aller Welt wollten bei der Königin tafeln.

„Ich werde bald zurück nach Griechenland reisen, in meine Heimatstadt Amphissa", sagte Philotas, den es ebenso wie mich zur königlichen Küche gezogen hatte.

„Lass mich nicht allein zurück", murmelte ich.

„Du musst doch bei deiner Königin bleiben", sagte er.

Auf dem großen Tisch vor dem Ausgang leuchteten goldene Gefäße und Teller mit Soßen, Krebsen und Antilopenschnitzeln. Zarte Schinkenscheiben und geräucherte Pfauenbrust waren zwischen Melonenstücke dekoriert. Trinkgefäße aus Achat standen auf einem Tablett. Es handelte sich eindeutig um eine Mahlzeit der Königin.

„So hat sie zuletzt mit dem Autokrator gespeist", murmelte ich.

„Gut, dass sie wieder Nahrung zu sich nimmt." In den ersten

Tagen nach dem Tod des Antonius hatte die Königin überhaupt nichts mehr zu sich genommen. Dann war sie krank geworden und jetzt aß sie wieder kleine Bissen Brot.

„Das ist ja ein Festessen", stellte Philotas fest und entnahm „Proben" aus den Töpfen. Als königlicher Arzt war das sein gutes Recht. Er brach ein Stück Pastete ab und steckte sie mir in den Mund.

„Noch eins", bat ich.

„Nur wenn du mit mir nach Amphissa kommst."

„Ist das ein Heiratsantrag, Philotas?", rief ich.

Er lachte und ich versprach, mit ihm nach Amphissa zu segeln. Noch nie hatte ich etwas so Gutes gegessen wie diese Antilopenpastete.

Die Küchendiener setzten Deckel auf die Gefäße und packten alles auf einen kleinen Wagen. Ich überlegte, wen Kleopatra wohl zum Essen geladen hatte. Als ich mir ein Stück frisches Brot nahm, fiel mein Blick auf Skellios, der den Korridor vor dem Kücheneingang entlanghastete.

„Ah, dich habe ich gesucht." Er blieb vor mir stehen. „Halt den Mantel bereit." Einen Moment lang erfasste mich wieder Hoffnung. Das köstliche Essen, der Mantel – vielleicht wurde doch noch alles gut.

„Wir gehen zum Grabmal", befahl die Königin mit dünner Stimme. „Ich will dort Totenopfer bringen und ein Essen einnehmen."

Am Grabmal der Königin war schon seit einiger Zeit gebaut

worden. Mit den hohen Pylonen[*] am Eingang erinnerte es an einen Tempel. Im Vorraum waren Speisesofas aufgestellt, auch Reinigungsmöglichkeiten und Ruheräume waren da. Die Königin hatte Antonius darin in einem steinernen Sarkophag auf ägyptische Art bestattet. Ein zweiter stand bereit für den Tag, an dem sie ihren Weg in die Ewigkeit antreten würde.

Mardion, Iras, Charmion und ich begleiteten die Königin. Mardion klatschte und sang ein Gebet für Isis, zugleich liefen ihm die Tränen über sein dickes, glattes Eunuchengesicht. Der Weihrauchkessel hing von seiner Schulter herab. Der Essenswagen ratterte neben uns her, von zwei Küchensklaven gezogen. Die römischen Soldaten vor und hinter uns, die uns auf Schritt und Tritt begleiteten, um eine Flucht der Königin zu verhindern, waren heute höflicher als sonst. Wahrscheinlich beeindruckte sie die Trauer der Königin um den toten Antonius. Kleopatras

Augen waren rot geweint, ihr Gesicht zerkratzt und ihre Kleidung zerrissen.

Philotas kam hinter uns hergelaufen.

„Du kommst nicht mit", bestimmte die Königin.

„Sei sehr vorsichtig", sagte Philotas zu mir. Seine Hände zitterten.

„Mach dir keine Sorgen", murmelte ich. „Nicht um mich."

Er beugte sich zu mir nieder und flüsterte: „Du darfst nichts essen, hörst du?"

„Aber ..."

„Versprich es. Nicht das Geringste."

Ich versprach es und dachte dabei traurig an die Schinken, gefüllten Eier und Antilopenschnitzel.

Die Küchendiener schoben den Wagen mit dem Essen in den Vorraum des Grabmals, die Königin trat ein, Mardion und ich folgten ihr. Iras und Charmion kamen nach und zogen langsam die schwere Eingangstür hinter uns zu.

Klagend und weinend trat Kleopatra an den Sarkophag. Sie kniete nieder und lehnte die Stirn gegen den Marmor.

„Du, ein Römer, liegst hier in Alexandria und mich wollen sie nach Italien bringen. Ich soll zum Gespött des ganzen Römischen Reiches gemacht werden. Ich habe mein Land verloren. Hilf mir, Antonius, jetzt, wo du ein Gott bist. Mach, dass ich auch hier liegen darf", betete sie. An die ägyptischen Götter richtete sie kein Gebet. Von ihnen fühlte sie sich verlassen.

Nebenan bereiteten Iras und Charmion das Bad für die Köni-

gin vor. Ich und Mardion richteten den Tisch vor dem Liege-
sofa mit den Speisen her.

Dann zog Mardion aus einer Wandkammer einen bemalten
Holzsarg hervor, klappte ihn auf und legte ein kleines Kissen
hinein.

Kleopatra, in ihr Isisgewand gehüllt, kam jetzt zurück. Duftend
und gebadet, mit noch nassem Haar legte sie sich auf das Ruhebett und ließ sich die Speisen schmecken. Ab und zu steckte sie
uns, die wir zur Bedienung neben ihr knieten, einen Lecker-
bissen in den Mund. Ich dachte an Philotas Warnung und
senkte den Kopf.

Erleichtert sah ich, dass es ihr so gut schmeckte. Vielleicht würde doch alles wieder gut werden?

Von der Tür hörte ich eine mir wohlbekannte kehlige Stimme.
Der Schlangenmann bat die Wächter, ihn zur Königin vor-
zulassen.

Demon trat herein, sah sich um und warf sich dann vor der
Königin nieder.

Der Schweiß brach mir aus. Demon war doch Octavians Mann
und die Königin wusste es sehr wohl. Er konnte nichts Gutes
bringen!

„Der Nachtisch, Nea Isis", sagte er leise und reichte ihr ein ge-
flochtenes Körbchen mit großen schwarzen Feigen.

Sie drückte ihm eine versiegelte Schreibtafel in die Hand. „Bring
das auf schnellstem Weg zu Octavian", sagte sie.

Unter Verbeugungen entfernte er sich, mit der Tafel in der Hand.

„Alles hat gut geklappt", sagte Charmion triumphierend. Ihre Stimme hallte gespenstisch wider in dem hohen Steingebäude. Ich begriff immer noch nicht, weshalb wir hierher gekommen waren.

Kleopatra spielte mit dem Körbchen. Sie hielt den nackten Arm darüber. Ich erschrak. Hatte ich eine Schlange gesehen? Oder waren es sogar zwei? Ich weiß es nicht mehr, denn alles ging sehr schnell.

Ich wollte der Königin den Mantel um die Schultern legen, da sie mit dem Essen fertig war.

Kleopatra reichte mir den Purpurmantel zurück. „Da ist noch ein anderer."

„Aber!", protestierte ich.

„Heb diesen gut auf, versteck ihn. Für – für den Nachfolger oder – für meine Tochter Selene."

Während ich tat, was die Königin verlangte, hielt Charmion mir einen Löffel hin.

„Leck ihn ab", drängte sie. „Ist süß, schmeckt gut."

„Lass sie", murmelte Kleopatra da schwach. Sie hatte sich matt in die Kissen zurückgelegt. „Sie soll beim Mantel bleiben, so wie es Caesar vorgesehen hat."

Ich wollte nicht sterben. Ich wollte wieder hinaus, zu Philotas, ans Meer. Ich wollte frei sein. Den Purpurmantel der Könige des Ostens wickelte ich behutsam zusammen und steckte ihn unter mein Himation*. Es hatte durchaus Vorteile, ein dickes Mädchen zu sein. Niemand wäre auf den Gedanken gekommen, Kleopatras Mantel bei mir zu suchen.

Charmion fiel der Löffel zu Boden. Sie sackte nach hinten und bewegte sich nicht mehr. Iras richtete das Diadem auf dem zur Seite gesunkenen Kopf der sterbenden Königin gerade aus. Ihre Hand zitterte dabei. Ganz langsam ging auch sie in die Knie.

Römische Soldaten stürmten in den Raum.

„Na großartig, Iras", schrie der Centurio wütend über das, was er sehen musste.

„Ja, großartig", murmelte Iras, „so großartig, wie es sich für die Nachkommin so vieler Könige gehört." Sie fiel in sich zusammen.

Mardion stieg inzwischen in den Holzsarg und streckte sich darin langsam aus. Den Weihrauchkessel setzte er neben dem Sarg ab.

„Was machst du da, verrückter Eunuch?", brüllte der Centurio ihn an.

„Ich sterbe jetzt", murmelte Mardion. Der Römer trat gegen den Sarg.

„Ich habe keine Familie. Was soll ich bei einem neuen Herrn? Sie war mein ganzes Leben", flüsterte Mardion.

Der Centurio schüttelte mich. „Wie ist es passiert?"

Einen Moment konnte ich nicht antworten. Die Königin – war sie wirklich tot?

„Keine Ahnung. Ich weiß gar nichts."

„Sag schon, wenn dir dein Leben lieb ist."

„Ich glaube, unter den Feigen war eine Giftschlange, eine Kobra. Aber ich bin mir nicht sicher."

„Kanntest du den Mann, der das Körbchen gebracht hat?"

„Ich habe ihn nie vorher gesehen", log ich voller Angst.

Er schrie auf mich ein. Ich sagte zu allem „Aber!" und sonst nichts. Ärzte stürzten herbei, sogar Spezialisten für Schlangenbisse, und versuchten, die Königin wiederzubeleben. Aber natürlich war es zu spät.

„Ich danke den Göttern, dass du überlebt hast, Mäntelchen", sagte Philotas am Abend dieses Tages, als wir uns im Korridor vor den Gemächern der Königin wiedertrafen.

Ja. Ich hatte meine wunderbare, große Königin überlebt. Aber – wie sollte ich nur ohne sie leben?

Legenden und Wahrheit über Kleopatra

Jeder kennt die Geschichten über Kleopatra. Aber was ist wirklich dran an ihnen?

Dass sie sich als junge Frau, in einen Teppich gewickelt, zu Caesar in den Königspalast einschleusen ließ. Ja, so war es – wobei unklar ist, ob es ein Teppich oder ein Schlafsack war. Dass die beiden sich sofort ineinander verliebten ... auch das war der Fall.

Eine gewaltige Hakennase hätte sie gehabt ... Nicht ganz falsch: Münzbildnisse der älteren Kleopatra zeigen ihr markantes Profil.

Betörend schön sei sie gewesen ... Münzbildnisse der Kleopatra in jungen Jahren zeigen eine normal hübsche Frau.

In Eselsmilch habe sie gebadet und in maßloser Verschwendungssucht ihre kostbarste Perle als Nachtisch verspeist ... Ja, warum auch nicht. Immerhin war sie die Königin Ägyptens und damit die reichste Frau der Welt. Vor Antonius habe sie nackt, nur mit ein paar Perlen geschmückt, getanzt, um ihn zu verführen ... Diese Szene auf dem Luxusschiff in Tarsos haben viele antike Schriftsteller geschildert. Ja, es war sehr heiß an diesem Tag und sie war die Göttin Isis-Aphrodite. Und immerhin ging es um ihr Königreich. Sehr leicht hätte Antonius sie enteignen können. Das musste sie verhindern!

Münze mit Porträt der Kleopatra

Einen Mann nach dem andern habe sie verführt ... Wahrscheinlich bösartige Verleumdung Octavians gegen seine verhasste Gegnerin und ihren Sohn Kaisaríon.

Die Fakten: Bei ihrem Tod war sie 39 Jahre alt und in den Jahren seit ihrem Treffen in Tarsos hielt sie Antonius selbst in den Jahren der Trennung – er hatte Octavia geheiratet – die Treue. Sie verließ ihn nicht, als er in großer Not nach dem gescheiterten Partherkrieg in Syrien auf Unterstützung hoffte. Trotz der Winterstürme und ihrer Anfälligkeit für Seekrankheit kam sie persönlich zu ihm.

Und dann ihr dramatischer Schlangentod ... Ihr Leibarzt Olympos schrieb später ein Buch über Kleopatras Tod. Doch die Sachlage bleibt unklar. Vielleicht waren es wirklich mehrere Schlangen, die sich Kleopatra am Arm, wo man einen Einstich fand, ansetzte. Andererseits war sie eine Frau, die nichts dem Zufall überließ. Vielleicht hatte sie auch ein sicheres Gift in einer hohlen Haarnadel bei sich. Wir wissen es nicht. Ein Selbstmord war es zweifellos, aber womöglich war er doch vorher mit Octavian abgesprochen. Auch das entzieht sich unserer Kenntnis.

Freiheit

Drei Jahre sind seit dem Tod der Königin vergangen, 20 seit dem Tag, an dem ich Julius Caesar versprach, die Berichte zu schreiben. Ich bin 32 Jahre alt. Jetzt bin ich endlich frei, genauso wie es die Urkunde, die ich damals von Caesar bekommen hatte, versprach. Mein neuer Name ist Julia Syris!

Die elfte Rolle habe ich bei mir behalten, denn der Schlangenmann war seit dem Tag, an dem er Kleopatra die Feigen brachte, verschwunden. Wieder ist der Nil über die Ufer getreten und überschwemmt das Land, so weit das Auge reicht. Ägypten ist römische Provinz. Der römische Statthalter residiert im Palast der Königin und Philotas wurde als sein Leibarzt verpflichtet. Deshalb sind wir beide immer noch in Ägypten.

Die Königin und Marcus Antonius sind mit allen Ehren Seite an Seite bestattet worden.

Manchmal gehe ich zu der Statue Kleopatras im Park, lege Blumen zu ihren Füßen nieder und spreche ein Gebet für sie. Meistens geht Philotas mit mir.

„Nie wieder wird Ägypten eine Königin wie sie haben", seufzte er an einem dieser Tage. „Eine Königin wie die siebte Kleopatra."

Er hatte kleine Brote dabei, gefüllt mit Fisch und Geißfuß.

„Es gab keine anderen", entschuldigte er sich bei mir. „Seit die Römer massenhaft in der Stadt sind, gibt es am Imbiss im Hafen keine anderen mehr."

„In Wirklichkeit hat sie für die Unabhängigkeit Ägyptens gekämpft", sagte ich. „Sie wird für immer Kleopatra sein, die erste und alle folgenden. So als hätte es immer nur sie gegeben. Ein
Glück, dass ihre Statuen im ganzen Land stehen geblieben sind."
Skellios gesellte sich zu uns.

„Sie ist so beliebt, dass es zu einem Aufstand gekommen wäre,
hätte er die Statuen beschädigt. In jedem Ort, selbst im kleins-
ten Dorf, würde man Kleopatras Bildnis schützen", sagte er.

„Kleopatras Bilder sind zugleich die Bilder aller Kleopatras,
die in Ägypten geherrscht haben. Und zugleich Bilder der All-
mutter Isis, die die Menschen schützt und rettet", ergänzte ich.

Philotas zog die Goldkette hervor, die er um den Hals trug, und
wies auf den Anhänger: Kleopatra als Isis mit dem ausgebreiteten Mantel. Schweigend nahm ich den Ring vom Finger, den
mir die Königin geschenkt hatte. Er zeigte dasselbe Motiv. Skellios deutete auf die Fibel, die sein Gewand zusammenhielt. Auch
sie war geschmückt mit dem gleichen Bild.

„Ich habe sie verraten, weil ich frei sein wollte", sagte ich.

„Sie war listig wie eine Schlange, klug und stark. In schwie-
rigen Zeiten hat sie ihr Volk beschützt. Sie gab uns Brot und
Sicherheit." Philotas biss in sein Weizenbrot und ließ mich
ebenfalls beißen. Kauend wies er mit dem Finger auf das Palast-
gebäude vor uns. „Seht mal, die Farbe blättert ab. Das wäre zu
Kleopatras Zeiten sofort neu gestrichen worden."

„Schade. Das klingt, als wolltest du nicht mehr lange hierblei-
ben", seufzte Skellios.

„So ist es", bestätigte Philotas. „Syris und ich werden so bald wie möglich nach Griechenland reisen."

„Aber!", rief ich. „Du hast etwas vergessen!"

„Richtig", sagte er. „Zuerst machen wir einen Abstecher nach Rom. Wir haben eine Einladung ins Haus der Octavia erhalten. Dort dürfen wir die Kinder unserer Königin besuchen."

„Eine große Ehre", sagte Skellios.

„Freigelassene eines mächtigen Mannes zu sein, bedeutet mehr als Leibarzt", kicherte er.

„Ich wusste immer, was ich an ihr habe", sagte Philotas.

Was wurde nach Kleopatras Tod aus Ägypten?

Mit der Eroberung im August des Jahres 30 v. Chr. endeten mehrere Jahrtausende Monarchie in Ägypten. Ägypten war erstmals ohne König. Denn der neue Herr über das Land, das Römische Reich, war im Jahr 30 v. Chr. noch keine Monarchie und Octavian kein König. Octavian beabsichtigte auch nicht, länger in Ägypten zu bleiben. Trotzdem setzten die ägyptischen Priester ihn im Tempeldienst als neuen Sohn des Sonnengottes und Vermittler zwischen Menschen und Göttern ein. Irgendwie musste es schließlich weitergehen.

Octavian nutzte die Residenzstadt Alexandria als Verwaltungszentrum. Ägypten war eine Schatzkammer, reich durch die mehrfachen Jahresernten am Nil. Er hielt die neue Eroberung unter persönlicher Kontrolle: Das Land wurde nicht vom Senat verwaltet, sondern der Kaiser regierte es mithilfe römischer Ritter. Senatoren durften Ägypten nur mit einer Sondererlaubnis betreten, das galt sogar für Mitglieder der kaiserlichen Familie.

Die Jahreszählung Ägyptens verzeichnete nach Kleopatras Tod das erste Jahr Octavians. Die Priester opferten ihm als neuem Pharao und bezogen ihn in die Gottesdienste ein, obwohl er in den kommenden Jahrzehnten das Land nicht mehr aufsuchte.

Erster Präfekt des Landes wurde Cornelius Gallus, ein Dichter und Freund Octavians aus dem Ritterstand. Es ging nicht gut. Als Gallus sich Bildsäulen aufstellen ließ und sich wie ein Vizekönig benahm, wurde er in Rom wegen Hochverrats angeklagt. Er nahm sich das Leben.

Bildniskopf der Kleopatra Selene, Königin von Mauretanien

Die Unterwerfung des Nillandes war, laut Günther Grimm von der Universität Trier, die Voraussetzung für das Ende der römischen Bürgerkriege. Die Folge waren fast 200 Jahre Frieden.

Kleopatra wurde in Ägypten noch Jahrhunderte später in Tempeln verehrt. Noch im Jahr 373 n. Chr. lässt ein Priester auf der Nilinsel Philae eine Kleopatrastatue vergolden. Vor allem im mauretanischen Reich ihres Schwiegersohns Juba lebten Kleopatras politische und kulturelle Interessen weiter. Kleopatra Selene und ihr Mann Juba II. von Mauretanien versammelten Dichter und Forscher an ihrem Hof. Sie ließen auch die Seewege um die afrikanische Küste erforschen und suchten nach Inseln im Atlantik und der Verbindung nach Indien.

Im Jahr 270 n. Chr. schloss die Karawanenkönigin Zenobia von Palmyra Ägypten ihrem Reich an und präsentierte sich als „neue Kleopatra". Zenobia hatte ein Reich über den gesamten Osten errichtet und fühlte sich als Nachfolgerin ihrer angeblichen Vorfahrin Kleopatra.

Welche Folgen hatte Ägyptens Eingliederung für Rom?

Alexandria und Ägypten gerieten unter den Einfluss der Politik Roms. Die Ägypter hatten ihre Selbstständigkeit und äußerliche Pracht an die Römer verloren, aber die Römer ihr Herz und ihre strengen Grundsätze an ägyptischen Luxus. Zuerst kleideten und frisierten sich die römischen Damen nach ägyptischer Mode. Am Ende beteten sie sogar zu Isis und Serapis um Erlösung.

Augustus selbst blieb nicht unberührt von dem, was er im Nilland gesehen hatte. Er hatte die Bildnisgalerien der

Ptolemäerkönige besichtigt, die Grabbauten der Herr-
scherfamilie und das Kaisareion (den Caesartempel), und
die monumentale Sonnenuhr bewundert. Mehrere Schiffs-
ladungen voll Beute brachte er nach Rom. Darunter war
viel mehr als der Inhalt von Kleopatras königlicher Schatzkammer und einige Obelisken. Er brachte auch Tiere aus
dem Tierpark der ptolemäischen Könige, Sklaven und
Eunuchen, Wissenschaftler und Künstler mitsamt ihren
Spezialkenntnissen nach Italien.
Unaufhaltsam verbreitete sich in Rom ägyptisches Flair:
Das Mausoleum, das Octavian Augustus für sich bauen ließ,
war inspiriert von dem Alexandergrab in Alexandria –
seinen Eingang schmückten zwei Obelisken aus Ägypten.
Ein weiterer Obelisk, die Sonnenuhr und der Friedensal-
tar (Ara Pacis) am Tiberufer, bildeten ein Siegesdenkmal
über Ägypten.
Stolz wurden Münzen geprägt mit dem
Bildnis des bei Actium siegreichen
Generals Agrippa auf der Vorder-
seite und einem an eine Palme
geketteten Krokodil. „Aegypto
Capta" – „Aus Anlass des Sie-
ges über Ägypten".

**Römische Münze mit einem Krokodil, anlässlich der
Eroberung Ägyptens**

Glossar

Agrippa, Marcus Vipsanius (64/63–12 v. Chr.)	*der eigentliche zweite Mann in Rom neben Octavian und dessen zuverlässigster Freund. 37 v. Chr. zum Konsul gewählt, baute er den Flottenhafen von Misenum und Schiffe mit neuartigen Entergeräten. Sie verhalfen Octavian zu einem Seesieg über den Sohn des Pompeius im Jahr 36 v. Chr. bei Naulochos. Agrippa wurde mit der Schiffskrone geehrt. 33 v. Chr. begann er damit, Rom mit Wasserleitungen und Bädern auszustatten. 32 v. Chr. ließ er weitere Schiffe bauen. Als Admiral befehligte er die Flotte Octavians bei Actium. Von 17 bis 13 v. Chr. hatte er das Oberkommando über die östlichen Provinzen.*
Arsinoe IV. (ca. 63–41 v. Chr.)	*Die jüngere Schwester Kleopatras. Im Jahr 48/47 v. Chr. rief das gegen Caesar kämpfende ägyptische Heer sie zur Gegenkönigin aus. Nach Caesars Sieg wurde sie beim Triumphzug 47 v. Chr. mitgeführt und vom römischen Volk bemitleidet. Sie lebte fortan im Tempelasyl von Ephesus (Kleinasien). Auf Wunsch Kleopatras ließ Marcus Antonius sie 41 v. Chr. töten.*
Canidius Crassus (gest. 30 v. Chr.)	*Truppenführer des Antonius. Kommandierte das Landheer bei der Schlacht von Actium und berichtete danach Antonius in Alexandria, dass sich das Heer Octavian ergeben hatte.*
Domitius Ahenobarbus	*Konsul des Jahres 32 v. Chr. Mit seinem Amtskollegen Gaius Sosius verließ er Rom. Schwer erkrankt wechselte er ein Jahr später wieder zu Octavian hinüber. Sein Urenkel war Kaiser Nero.*
Eunuch	*Mensch männlichen Geschlechts, der einer Kastration unterzogen wurde. Sie übten die wichtigen Hofämter in Assyrien, Persien und Ägypten aus.*
Geißfuß	*Giersch. Die römischen Soldaten pflanzten das wuchernde Kraut als Gemüse an.*

Gymnasion	bezeichnete in der Antike eine Trainingsstätte für Sportler.
Fulvia (gest. 40 v. Chr.)	Ehefrau des Antonius. Vertrat während seiner Abwesenheit aus Rom seine Interessen gegenüber Octavian in Italien. Begann als erste römische Frau überhaupt einen Krieg.
Legion	Truppenverband der Römer mit einer Sollstärke von 6.000 Mann
Himation	griechischer Mantel aus leichter Wolle
Klientelkönige	Sie waren auf den Schutz ihres römischen Herrn (Patronus) angewiesen.
Konsul	Amtsbezeichnung der zwei höchsten römischen Beamten. Im Krieg hatten sie den Oberbefehl über das Heer.
Malik I.	der Nabatäerkönig Malik I., lat. Malichus (regierte von 59 v. Chr. bis nach 30 v. Chr.)
Mithradates	König Mithradates VI. von Pontos (geb. ca. 132 v. Chr., reg. 120–63 v. Chr.) führte von 89–84 v. Chr. erfolgreich Krieg gegen die Römer und war einer der größten Gegner Roms. Erst Pompeius gelang es 63 v. Chr., Pontos und Armenien zu besiegen. Kleopatras Vater war am Hof des Mithradates aufgewachsen.
Octavia (69–11 v. Chr.)	die ältere Schwester Octavians. 40 v. Chr. wurde sie mit Antonius verheiratet. Sie sollte das Friedensbündnis, das Antonius und Octavian geschlossen hatten, stärken und vermittelte zwischen den Rivalen. Nur kurze Zeit lebte das Paar in Athen zusammen. Während Antonius sich im Osten und in Ägypten bei Kleopatra aufhielt, zog sie in Rom die gemeinsamen Töchter und die Kinder aus früheren Ehen auf, später auch die der Kleopatra. Nach ihrem Tod wurde sie im Mausoleum des Augustus beigesetzt.
Octavian (63 v. Chr. – 14 n. Chr.)	ursprünglich Gaius Octavius Thurinus. Nach der Adoption durch Caesars Testament nahm er den Namen Caesars an und nannte sich Imperator Caesar Divi Filius („Imperator Caesar Sohn des Göttlichen").

Das Netzwerk des toten „Vaters" ging damit auf ihn über. 27 v. Chr. verlieh ihm der Senat in Rom den Ehrentitel Augustus („der Erhabene").

Onyx *schwarz-weißer Schmuckstein*

Papyrus *Schreibmaterial aus dem Mark der Papyruspflanze*

Parther, Partherreich *iranisches Volk, das Teile des Seleukidenreichs erobert hatte. Sie wurden zu Rivalen Roms um Macht und Handelswege. In der Schlacht von Carrhae 53 v. Chr. fielen 25.000 römische Soldaten mit ihrem Feldherrn Crassus.*

Pompeius (106 – 48 v. Chr.) *Mit vollem Namen Gnaeus Pompeius Magnus; einer der bedeutendsten Feldherren Roms. Er war Patronus (Schutzherr) der ptolemäischen Königsfamilie, wurde jedoch von den Soldaten des Kindkönigs Ptolemaios XIII. getötet, der sich bei Pompeius' Gegner Caesar beliebt machen wollte. Nach dem Aufstand seiner ältesten Tochter flüchtete Ptolemaios XII. mit seiner Familie und einem Teil des Hofes. Er wurde von Pompeius in seiner Villa am Albanersee aufgenommen. Kleopatras Vater setzte seinen römischen Freund zum Testamentsvollstrecker und Vormund seiner unmündigen Kinder ein. Eine versiegelte Ausfertigung des Testaments wurde in Rom im Haus des Pompeius niedergelegt, die andere in Alexandria. Pompeius trat für Ptolemaios' Wiedereinsetzung ein. Außerdem ließ er eine Delegation aus Alexandria, die sich vor dem Senat über den geflüchteten König beklagen wollte, durch Tötungskommandos beseitigen.*

Pylonen *Eingangstoranlage eines ägyptischen Tempels*

Republik *lat. res publica für „öffentliche Angelegenheit"; eine Staatsform, die sich an Gemeinwesen und Gemeinwohl orientiert und als Gegenmodell zur Monarchie verstanden wird. Um ihre „Wiederherstellung" ging es angeblich Antonius und Octavian und den weiteren Beteiligten, dem Senat und dem römischen Volk. Die Freiheit und stabile Verhältnisse sollten wiederhergestellt werden. Im Jahr 27 v. Chr. wurde*

Octavian für die Wiederherstellung der Republik vom Senat und römischen Volk mit höchsten Ehren ausgestattet und zum Princeps ernannt. Mit diesem Datum endete die Republik und die römische Kaiserzeit begann.

Seleukidenreich ein Nachfolgestaat des Alexanderreichs im Vorderen Orient, von General Seleukos Nikator 320 v. Chr. gegründet. Der römische Feldherr Pompeius setzte 63 v. Chr. den letzten seleukidischen König ab.

Senat ursprünglich „Ältestenrat", seine über 600 Mitglieder stellten die hohen Staatsbeamten, Provinzstatthalter und Legionskommandanten Roms. Senatoren mussten ein hohes Mindestvermögen und Grundbesitz in Italien haben.

Sphinx Mehrzahl Sphingen. männlicher Löwe mit dem Kopf des Pharaos

Tribun Stabsoffizier

Triumphzug Eine festliche Militärparade zum Kapitol in Rom zur höchsten Ehrung für siegreiche Feldherrn. Am Anfang des Zuges wurden die Gefangenen und die Beute mitgeführt. Der Triumphator folgte auf einem Triumphwagen. Dahinter marschierte das Heer. Die Feier endete mit einem Volksfest.

Triumvirat Im Oktober 43 v. Chr. schlossen Marcus Aemilius Lepidus (ca. 90–12 v. Chr.), Marcus Antonius und Octavian ein Dreierbündnis (Triumvirat), das ihnen gegen den Senat und die Mörder Caesars die Macht im Staat sichern sollte. Durch ein Sondergesetz ließen sie sich „zur Wiederherstellung der Republik" für fünf Jahre mit fast unbeschränkten Vollmachten ausstatten. Das Gesetz wurde später um weitere fünf Jahre verlängert. Im Vertrag von Brundisium im Jahr 40 v. Chr. teilten Octavian und Antonius das Reich untereinander in Ost und West auf. Lepidus wurde mit „Africa" abgefunden. Er schied 36 v. Chr. aus.

Veteranen entlassene Soldaten

Zeittafel – Kleopatras Leben

331 Alexander der Große gründet Alexandria.

58 Ptolemaios XII. wird aus Alexandria vertrieben. Berenike VI. ergreift die Macht.

323 Tod Alexanders d. Gr. General Ptolemaios sichert sich Ägypten.

55 Ptolemaios XII. wird wieder eingesetzt.

304 Herbst: Ptolemaios I. wird in Memphis zum Pharao gekrönt.

51 Tod von Ptolemaios XII.

80 Ptolemaios XII. gelangt an die Macht.

51/50–48 Alleinherrschaft Kleopatras VII., dann Regierung mit Ptolemaios XIII.

70/69 Kleopatra VII. wird geboren.

49 Ptolemaios XIII.
vertreibt Kleopatra.

47, 23. JUNI Geburt von
Ptolemaios XV. Caesar

48, JULI Ermordung des
Pompeius bei Pelusion in
Ägypten

46, SOMMER – 44, APRIL
Kleopatra mit Bruder-
gemahl und Sohn in Rom

48 Caesar kommt nach
Ägypten. Kleopatra VII.
und Ptolemaios XIII.
werden als gemeinsame
Herrscher eingesetzt.

46, OKTOBER Caesars
Triumphzug über
Ägypten in Rom.
Arsinoe wird als
Gefangene mitgeführt.

48/47 Alexandrinischer
Krieg. Arsinoe IV. erhebt
sich gegen Kleopatra.
Ptolemaios XIII.
verschwindet im Kriegs-
getümmel.

44, 15. MÄRZ Ermordung
Caesars. Wenig später flieht
Kleopatra zurück nach
Ägypten. Ptolemaios XIV.
stirbt, Ptolemaios XV. Caesar
wird Mitregent seiner Mutter.

47 Kleopatra nimmt
Ptolemaios XIV. zum
Mitregenten.

43 Triumvirat zwischen Marcus Antonius, Octavian und Lepidus

41 Treffen von Kleopatra und Marcus Antonius in Tarsos, bald darauf lässt Antonius Arsinoe sowie den angeblichen Ptolemaios XIII. töten.

37/36 Marcus Antonius und Kleopatra wieder vereint. Kleopatra erhält neue Gebiete im Osten.

36 Geburt von Kleopatras jüngstem Kind Ptolemaios Philadelphos. Partherfeldzug des Antonius endet in Katastrophe.

40 Die Triumvirn schließen den Vertrag von Brundisium, Antonius erhält den Osten des Imperiums.

40–32 Ehe des Antonius mit Octavia

40 Geburt der Zwillinge Alexander Helios und Kleopatra Selene

34 Feiern in Alexandria. Landschenkungen des Antonius an die Kinder Kleopatras

33 Propagandakrieg zwischen Octavian und Antonius

32, FRÜHJAHR Marcus
Antonius und Kleopatra
in Ephesus

31, 2. SEPTEMBER See-
schlacht bei Actium

32 Antonius schickt
Octavia den Scheide-
brief. Octavian bemächtigt
sich des Testaments des
Antonius. Die beiden
Konsuln und viele Sena-
toren verlassen Rom
und schließen sich
Antonius an.

30 Octavian erobert
Alexandria, Selbstmord des
Antonius, dann Kleopatras.
Ägypten wird römische
Provinz.

29, 13.–15. AUGUST In
Rom wird der Triumph
Octavians über Ägypten
gefeiert.

32, HERBST Kleopatra
wird in Rom zur
Staatsfeindin erklärt.
Der Krieg gegen
Ägypten ist eröffnet.

20 Kleopatra Selene
heiratet Juba II. von
Mauretanien und nimmt
ihre Brüder mit in die
neue Heimat.

32/31 WINTER Kleopatra
und Antonius halten sich
im Hauptquartier Patrai in
Griechenland auf.

23 N. CHR. – 40 N. CHR.
Ptolemaios von Maure-
tanien (Enkel Kleopatras
und des Antonius)

Inhalt – erzählende Kapitel

Inhalt – Sachkapitel

Abbildungen

Abbildungen: akg-images: S. 43, 137; akg/Bildarchiv Steffens: S. 131; Bildarchiv Preußischer Kulturbesitz (bpk): S. 86; bpk/Antikensammlung, SMB/ Johannes Laurentius: S. 29; bpk/RMN/Hervé Lewandowski: S. 41; bpk/ Ägyptisches Museum und Papyrussammlung, SMB/Margarete Büsing: S. 49; bpk/Scala: S. 75, 119; picture-alliance/akg-images: S. 95; picture-alliance/ akg-images/Werner Forman: S. 139

Trotz sorgfältiger Recherche war es nicht möglich, alle Rechteinhaber zu ermitteln. Rechteinhaber werden gebeten, sich an den Verlag zu wenden.

FSC

Mix
Produktgruppe aus vorbildlich
bewirtschafteten Wäldern,
kontrollierten Herkünften und
Recyclingholz oder -fasern

Zert.-Nr. SGS-COC-003210
www.fsc.org
© 1996 Forest Stewardship Council

Impressum

1. Auflage 2011
© Arena Verlag GmbH, Würzburg 2011
Alle Rechte vorbehalten
Coverillustration: Joachim Knappe
Innenillustration: Klaus Puth
Satz: Claudia Böhme nach einer Gestaltung und Typografie von knaus.
büro für konzeptionelle und visuelle identitäten, Würzburg
Gesamtherstellung: Westermann Druck Zwickau GmbH
ISBN 978-3-401-06566-3

www.arena-verlag.de

ARENA BIBLIOTHEK DES WISSENS
Lebendige Biographien

978-3-401-06552-6

978-3-401-05741-5

978-3-401-06395-9

Eine Auswahl weiterer Titel der Reihe „Lebendige Biographien":

Luca Novelli
Edison und die Erfindung des Lichts
ISBN 978-3-401-05587-9

Luca Novelli
Archimedes und der Hebel der Welt
ISBN 978-3-401-05744-6

Luca Novelli
Einstein und die Zeitmaschinen
ISBN 978-3-401-05743-9

Luca Novelli
Darwin und die wahre
Geschichte der Dinosaurier
ISBN 978-3-401-05742-2

Andreas Venzke
Humboldt und die wahre
Entdeckung Amerikas
ISBN 978-3-401-06217-4

Luca Novelli
Mendel und die Antwort der Erbsen
ISBN 978-3-401-06182-5

Andreas Venzke
Goethe und des Pudels Kern
ISBN 978-3-401-05994-5

Andreas Venzke
Luther und die Macht des Wortes
ISBN 978-3-401-06041-5

Luca Novelli
Leonardo da Vinci, der
Zeichner der Zukunft
ISBN 978-3-401-05940-2

Andreas Venzke
Gutenberg und das Geheimnis
der Schwarzen Kunst
ISBN 978-3-401-06180-1

Arena

Jeder Band:
Klappenbroschur.
www.arena-verlag.de

ARENA BIBLIOTHEK DES WISSENS
Lebendige Geschichte

978-3-401-06500-7   978-3-401-06466-6   978-3-401-06064-4

Eine Auswahl weiterer Titel der Reihe „Lebendige Geschichte":

Harald Parigger
Caesar und die Fäden der Macht
ISBN 978-3-401-05979-2

Maria Regina Kaiser
Karl der Große und der Feldzug
der Weisheit
ISBN 978-3-401-06065-1

Harald Parigger
Sebastian und der Wettlauf mit
dem Schwarzen Tod
Die Pest überfällt Europa
ISBN 978-3-401-05583-1

Harald Parigger
Fugger und der Duft des Goldes
Die Entstehung des Kapitalismus
ISBN 978-3-401-05992-1

Martin Zimmermann (Hrsg.)
Weltgeschichte in Geschichten
ISBN 978-3-401-06216-7

Harald Parigger
Barbara Schwarz und
das Feuer der Willkür – Ein Fall aus der
Geschichte der Hexenverfolgungen
ISBN 978-3-401-06124-5

Arena

Jeder Band:
Klappenbroschur.
www.arena-verlag.de